KB102920

구텐베르크가 금속활자를 발명하기 전
책은 사람이 살 수 있는
가장 비싼 물건이었으나
지금의 책은 가장 쉽게
가장 저렴히 살 수 있는
지혜의 보고입니다.
애드앤미디어는
당신이 책을 통해 보다 쉽게
지식을 더할 수 있도록 노력합니다.

답답해 죽느니
내가 직접 만드는
유튜브 동영상
with 키네마스터

정신선, 최인근 지음

프롤로그

유튜브 혁명의 시대,
당신은 무엇을 하고 있습니까?

"NG 한번 내면 난리 났었죠!"
방송장비가 디지털화되기 전, 방송국을 주름잡던 연배 높은 배우들이 종종 들려주는 이야기입니다. 비싸고 무거운 촬영장비와 거창한 편집장비, 그리고 수많은 인력이 있어야 방송이 가능했던 시절이 있었습니다. 그때는 영상제작하기가 지금보다 훨씬 까다롭고 어려웠습니다.
하지만 유튜브와 스마트폰이 등장하면서 일대 혁명이 일어났습니다. IT 기술이 눈부시게 발전하면서 촬영, 편집, 방송이 내 손 안에서 가능해졌습니다.
"텔레비전에 내가 나왔으면 정말 좋겠네~"라는 노래는 이제 무색해졌습니다. 언제든 누구나 마음만 먹으면 유튜브로 방송을 할 수 있고 유명인이 될 수 있는 시대가 왔습니다. 이런 유튜브 혁명의 시대에 당신은 무엇을 하고 있습니까?

영상제작 비용이 "0원"??

스마트폰만 있으면, 누구나 유튜브 영상을 만들 수 있습니다. 사람들이 유튜브에 열광하는 이유는 바로 '내가' 주인공이 될 수 있기 때문입니다. 그리고 그 과정에서 누군가의 도움이 필요하거나 돈이 많이 들지도 않습니다. 약간 과장해서 말하자면, 스마트폰만 있다면 영상제작 비용이 '제로'에 가까워질 수도 있습니다.

혼자서도 제작이 가능하고 제작비용이 저렴하다는 장점 때문에 1인 방송의 길이 활짝 열렸습니다. 유튜브는 나 혼자서 촬영, 편집, 출연, 송출이 가능합니다. 예전 TV 방송은 출연자, 방송작가, 연출, 조연출, 카메라감독, 음향감독, 편집감독, 자막감독 등이 협업을 해서 만들었습니다. 하지만 유튜브는 이 모든 것을 그냥 '내'가 할 수 있습니다. 의지만 있다면 말이죠.

누구나 쉽게 도전할 수 있습니다!
영상제작을 처음 시작하는 분들을 위해서 쓴 책

이 책은 영상제작, 유튜브 제작에 도전하는 초보자들을 위해서 쓰여졌습니다. 특히 스마트폰으로 영상편집이 가능한 '키네마스터'에 대해서 친절하게 설명하기 위해서 애썼습니다.

바야흐로 영상의 시대입니다. 점점 더 많은 사람들에게 영상을 제작해야할 이유들이 생겨나고, 실제로 정말많은 분들이 영상제작에 도전하고 있습니다. 막상 시작해보면 생각보다 어렵지 않습니다. 사실 매우 재미있는 작업입니다. 이 책을 통해서 영상제작, 유튜브 제작에 도전하는 분들이 용기를 얻고 여러분의 삶이 좀 더풍요로워지고, 행복해지기를 바랍니다.

정신선, 최인근 드림

미디어 콘텐츠에 날개를 달자!

디지털 네트워크를 활용한 뉴미디어의 철학, 개방, 참여, 공유를 창의적으로 실행하는 다양한 1인 미디어가 등장하면서 비로소 '진짜 미디어의 시대'가 도래했다. 거대한 건물, 엄청난 수의 종사자, 막대한 자본이 쏠려 있는 대형 기성 미디어가 조만간 수많은 개인 미디어, 스몰 미디어, 숏 콘텐츠에 밀리게 될 것임을 절감한다.

어떻게 도전할 것인가? 창의적 기획력, 트렌드를 읽고 이끄는 감성과 감각이 중요하다. 그에 못지않게 스피디한 영상을 간결하고 쉽고 임팩트 있게 연출하고 제작해내는 테크닉과 스킬이 바로 미디어 콘텐츠의 후광이고 날개다.

함께 일하면서 가장 신뢰하는 전문가인, 정신선 작가와 최인근 작가가 바로 이 가려운 곳을 시원하게 긁어준다. 이 책에 담긴 노하우를 먼저 습득하고 학습하고 적용하여 실행하는 자, 실버를 넘어 골드 버튼을 쟁취하리니! 긴 말보다 와서 읽고 깨닫고 실행하라!

시사평론가, 경희사이버대 문화커뮤니케이션학부 겸임교수 최영일

영상제작에 도전할 수 있도록 돕는 안내서

1인 미디어 시대다. 누구나 동영상을 찍고 만들 수 있을 것처럼 쉽게 생각한다. 하지만 막상 해보면 만만치 않다. 영상제작을 해야지, 해야지, 생각만 하고 쉽게 시작하지 못하는 사람들이 대부분이다.

쉬울 것 같으면서도 쉽지 않은 영상촬영부터 영상을 만들어 유튜브 등 SNS에 올리는 것까지 정말 이 책만 보면 하나에서 열까지 모두 해결이 된다. 저자들은 방송계에서 잔뼈가 굵은 분들이다. 본인들의 노하우를 너무나 쉽고 친절하게 알려주어 고맙다는 말을 전하고 싶다.

변호사(법무법인 디딤돌), 방송인 박지훈

이 책과 함께 1인 크리에이터에 도전하자

유튜브의 시대, 1인 크리에이터의 시대가 왔다. 하지만 이 방대한 미디어 콘텐츠 생태계에서 살아남고 성공하는 것은 정작 하늘의 별따기다. 아이돌 지망생들이 구름처럼 행진해도 하늘에 빛나는 스타는 극소수인 것처럼!
영상콘텐츠 제작을 어떻게 시작하고, 어떻게 성공할 것인가? 이 책에 그 해답이 있다. 책장을 넘기다보면, 영상제작에 대한 감각이 키워진 자기 자신을 발견하게 될 것이다. 이 책과 함께 1인 크리에이터에 도전해보시길 적극 추천한다.

MC, 전 KBS 아나운서 **김현욱**

생각을 바꾼다, 기술을 바꾼다, 능력을 바꾼다

30여 년 전, 내가 처음 PD를 시작하던 때는 어마어마한 비용이 들어가는 필름으로 촬영했고, 고가의 편집장비를 사용했다. 하지만 이제는 세상이 달라졌다. 저렴한 비용으로 혼자서 찍고, 혼자서 편집하는 개인 방송의 시대가 왔다! 이런 영상제작 과정을 손쉽게, 편리하게, 재밌게 만들어주는 영상편집 프로그램이 나왔다는 사실에 나 같은 노땅 꼰대 PD는 정말 눈이 휘둥그레질 뿐이다. 이 책의 내용을 살펴보니 영상제작을 위한 살아있는 노하우가 알차게 담겨있다. 이 책을 추천하기보다는 내가 그냥 필독하고, 곁에 두고, 계속 봐야 할 그런 책인 것 같다. 이유는 한 가지다! "나도 나 자신을 위한 개인방송을 할 것"이기 때문이다. 1인 크리에이터를 꿈꾸는 모든 분들에게 권한다.

YTN PD협회장 **지정윤**

유튜브 동영상제작을 돕는 소중한 지침서

긍정의 여왕! 일당백 영상전문가 및 영상코치로 방송과 유튜브에 신선한 새 바람을 일으키고 있는 정신선 작가가 이번에 제대로 사고를 쳤다! 정신선 작가와 최인근 작가가 가장 유익한 영상제작 안내서를 써낸 것이다.
영상제작 관련 책들은 많지만 이렇게 체계적이고 체험에서 우러나오는 설명으로 영상의 기본기부터 전문적 활용사례까지 기술한 책은 없었던 것 같다. 나도 방송에 몸담은 지 십여 년이 되어가고 있지만, 이 책을 통해 점차 바뀌어 가고 있는 영상 소비자들의 기호도 읽어 볼 수 있어서 정말 좋았다. 이 책이 유튜브 동영상제작을 돕는 소중한 지침서가 될 것으로 기대한다.

SK브로드밴드 서울방송 PD **김무겸**

추천의 글

K KINEMASTER

Chapter 3 키네마스터 더 잘하기 [심화와 활용]

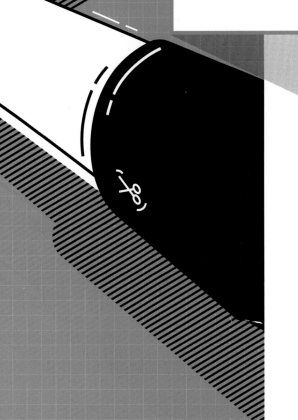

Chapter 1

유　튜　브
동 영 상 제 작
기초 다지기

CONTENTS

KINEMASTER

01 지금은
1인 크리에이터 시대!

Ⓚ 유튜브 혁명이 세상을 흔들고 있다

1인 크리에이터의 시대, 유튜브의 시대가 왔습니다. 한 사람이 만드는 유튜브 영상과 1천 명 넘는 직원이 있는 지상파 방송국의 영상 퀄리티가 별 차이가 없게 느껴질 정도입니다. 때로는 1인 유튜버의 영상이 더 인기가 좋습니다. 예전에는 저녁에 소파에 앉아 TV를 봤다면, 요즘은 침대에 누워 스마트폰으로 유튜브를 보고 있는 자신을 발견하게 됩니다. 불과 몇 년 전만 해도 상상할 수 없었던 놀라운 일들이 일어나고 있습니다!

스마트폰과 같은 IT기술의 눈부신 발전이 사람들을 춤추게 합니다. 스마트폰으로 촬영해서, 스마트폰으로 영상편집하고, 스마트폰으로 바로 유튜브에 영상을 업로드 하는 것이 가능합니다. 능숙한 사람이라면 30분이면 이런 일들을 충분히 할 수 있습니다. 방송국에서 수십 명의 스태프들이 달라붙어서 해야 할 일을 한 사람이 손바닥만 한 스마트폰 하나로 너무나 간단히 해내고 있습니다.

1인 방송의 등장, 유튜브의 급부상은 대격변을 일으키고 있습니다. 대형 방송국이 누리고 있던 매체파워, 광고 매출 등이 1인 크리에이터, 유튜버들에게 옮겨가고 있습니다. 동영상과 전혀 관계없던 사람들도 영상 콘텐츠를 만들어야만 하는 상황들이 점점 많아지고 있습니다.

<출처 : pixabay>

Ⓚ 이제는 필수가 된 영상제작 능력

인터넷 검색은 물론 페이스북, 인스타그램, 카카오톡을 해도 동영상들이 넘쳐납니다. 세계 최대 동영상 플랫폼인 유튜브는 말할 것도 없고, 매일매일 SNS상에서 생산되고 소비되는 동영상 콘텐츠의 양은 엄청납니다.

주말에 놀러가고 싶은 펜션을 찾아보고 있다면 유튜브에서 펜션을 리뷰하는 동영상을 찾아보고, 어떤 펜션을 선택할지 결정합니다. 펜션 주인 입장에서는 자신의 펜션을 예쁘게 잘 찍어서 유튜브에 올리는 것이 좋은 마케팅 수단이 될 수 있습니다. 또 요즘은 웬만한 IT 제품을 구매하기 전에는 유튜브에서 제품 리뷰를 살펴봅니다.

이렇듯 사람들은 새로운 장소에 가거나 새로운 제품을 구매할 때, 글이나 사진으로 정보를 얻는 것보다 유튜브에서 동영상을 한번 찾아보는 것이 더 편리하다고 생각합니다. IT 기술이 발달하고 동영상 플랫폼이 더 편리해질수록 이런 추세는 더 강해질 것입니다.

어떤 가게를 운영하거나 어떤 제품을 마케팅할 때, 회사원으로서 자기 회사를 대중에게 알려야 할 때, 심지어 공무원이 공공기관의 사업을 홍보할 때도, 이제 동영상 콘텐츠는 선택사항이 아닌 필수사항이 되어가고 있습니다.

영상제작 능력도 꼭 필요한 능력이 되어갑니다. 일반적인 회사원이 보고서 서너 장 정도는 쓸 수 있어야 하는 것처럼, 스마트폰으로 짧은 동영상을 촬영하고 간단하게 편집하는 능력이 점점 필요해지고 있습니다. 앞으로는 더 보편화될 것입니다.

평범한 회사원이든, 공무원이든, 펜션이나 카페 주인이든 꼭 유튜버가 아니더라도 말이죠.

<출처 : pixabay>

02 누구나 쉽게 영상을 만들 수 있다

🄚 스마트폰으로 촬영해서 스마트폰으로 편집한다

동영상을 만들고 싶은데! 동영상을 만들어야만 하는데! 다른 사람에게 맡길 수도 없고! 정말 답답할 때가 많습니다. 하지만 너무 걱정하지 마시기 바랍니다. 생각보다 쉽게 동영상을 만들 수 있습니다.

혼자서 영상제작을 하려면 결국은 간단하게라도 촬영을 하고 영상편집을 해야만 합니다. 촬영은 어떻게든 할 수 있겠는데, 영상편집은 어떻게 해야 할지 모르겠다고 생각하는 분들이 많을 겁니다. 물론 하루아침에 영상편집 전문가가 될 수는 없겠지만, 이런 어려움을 쉽게 극복할 수 있는 방법을 소개하려고 합니다.

영상편집을 하기 위해서는 편집 프로그램을 다룰 줄 알아야 합니다. 많은 방송 전문가들과 유튜버들이 〈어도비 프리미어 프로〉, 〈파이널 컷 프로〉 등의 영상편집 프로그램을 사용해서 동영상을 제작하고 있습니다. 그런데 이런 영상편집 프로그램들은 PC용 편집 프로그램입니다. 상대적으로 고사양 컴퓨터가 필요할 뿐만 아니라 사용법을 배우려면 꽤나 많은 시간과 에너지가 필요하죠. 또 프로그램의 가격도 비싼 편입니다.

하지만 약간의 노력만 한다면, 누구나 쉽게 영상을 만들 수 있습니다. 바로 스마트폰만 있으면 영상편집을 할 수 있는 앱을 이용하는 방법입니다. 컴퓨터 없이 스마트폰에서 편집이 가능하고, 사용법도 PC용 편집 프로그램보다 쉽습니다. 영상편집을 처음 시작하는 입문자, 초보자가 접근하기에 좋습니다.

스마트폰 영상편집 앱은 여러 종류가 있지만, 이 책에서는 키네마스터(KINEMASTER)라는 앱을 소개합니다. 키네마스터는 여러 가지 장점이 있습니다. 일단 거의 모든 기능을 무료로 사용할 수 있고, 사용법이 쉽고, 직관적입니다. 실제로 초등학생들도 사용할 정도로 진입장벽이 낮습니다. 그렇다고 아주 간단한 편집만 할 수 있는 것도 아닙니다. 쉽게 배울 수 있는 장점에 더해서 충분히 높은 퀄리티의 영상을 만들 수가 있습니다.

가장 큰 강점은 스마트폰 하나로 바로 찍고, 그 스마트폰으로 바로 편집해서 유튜브나 인스타그램, 페이스북에 올릴 수 있다는 것입니다. 실제로 해보면 정말 편리할 뿐만 아니라 영상제작에 들어가는 시간과 노력을 상당히 많이 절약할 수 있습니다.

<출처 : 키네마스터 >

ⓚ 생각보다 쉽게 유튜버에 도전할 수 있다

만약에 유튜브 채널을 만들기로 결심했다면, 가장 먼저 무엇부터 시작해야 할까요?
유튜브 채널을 처음 만들 때 결정해야 할 것들이 몇 가지 있습니다. 유튜브 콘텐츠의 주제, 형식, 타깃 시청자층 등을 미리 정하는 것이 중요합니다.

콘텐츠의 주제

여행 유튜브를 만들 것인가? 일상 브이로그를 할 것인가? 역사를 주제로 한 유튜브를 제작할 것인가? 이렇게 유튜브 콘텐츠의 주제를 무엇으로 할 것인지 고민해야 합니다. '아무말 대잔치'처럼 일정한 주제 없이 유튜브 영상들을 만든다면 시청자들의 외면을 받기 쉽습니다. '자유분방한 것'과 '뜬금없는 것'을 혼동해서는 안 됩니다.

여러분이 만든 유튜브 채널이 어제는 캠핑하는 모습을 보여줬다가, 오늘은 종이접기 방법을 보여주고, 내일은 주식투자법에 대해서 알려준다면 매우 '뜬금없는' 유튜브 채널이 될 것입니다. 캠핑, 종이접기, 주식투자에 모두 관심 있어 하는 시청자가 드물기 때문이죠. 설사 세 가지 모두에 관심이 있는 사람조차도 전문성 없어 보이는 여러분의 유튜브에 대한 관심이 식을 가능성이 높습니다. 유튜브 채널에는 어느 정도 주제의 일관성이 있어야 합니다. 그래서 콘텐츠 주제를 미리 정하는 것이 좋습니다. 그 주제가 여러분이 잘 아는 것, 여러분이 자신있게 보여줄 수 있는 것이라면 그야말로 금상첨화입니다.

다양한 콘텐츠 주제들 <출처 : pixabay>

유튜브의 형식

유튜브 채널의 주제를 정했다면, 유튜브 형식을 어떻게 할 것인가를 정하는 것이 그다음 단계입니다. 예를 들어서, 여러분이 역사에 대한 지식이 많아서 역사를 주제로 유튜브 채널을 만든다고 가정해보겠습니다. 이런 경우에도 다양한 종류의 유튜브 형식이 가능합니다.

유튜버 1명이 역사를 주제로 강의를 하는 형식도 있고, 2~3명이 출연해서 역사를 주제로 토크를 하는 형식도 있습니다. 아니면 유튜버의 얼굴은 등장하지 않고 영상자료와 사진자료, 그리고 내레이션만으로 역사 유튜브 영상을 구성할 수도 있습니다. 여러분이 그림 실력과 기본적인 영상편집 실력을 가지고 있다면 역사를 주제로 짧은 애니메이션을 제작해서 유튜브에 올릴 수도 있습니다. 어떤 형식을 택할 것인가도 미리 생각해야 하는 중요한 부분입니다.

강의 형식

토크 형식

자료 활용 형식

애니메이션 형식

타깃 시청자층

유튜브 콘텐츠의 주제, 형식을 고민할 때, 유튜브 채널의 타깃 시청자층을 누구로 할지 정하는 것이 중요합니다.

어린이나 청소년 시청자들을 타깃으로 정할지, 아니면 성인을 대상으로 할지, 정하는 것에 따라서 유튜브

제작방향이 달라질 수 있습니다. 주요 타깃 시청자를 젊은 여성으로 할 것인지, 중년 남성으로 할 것인지도 고민해 볼 수 있습니다. 또 영어 자막을 달아서 영어권 국가의 외국인들로까지 타깃 시청자를 넓힐 것인지를 정할 수도 있죠. 이런 것들을 정해야 유튜브 제작 방향이 확고해질 수 있습니다. 더불어 주요 시청자층을 어떻게 공략하고 유튜브 구독자를 어떻게 확보할 것인지 전략을 짤 수가 있습니다.

청소년 타깃

주부 타깃

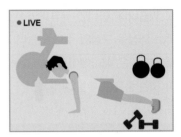
젊은 남성 타깃

03 영상제작을 준비해보자

🎬 영상기획하기

글은 보는 이를 상상하게 만드는 것이고, 영상은 상상을 눈앞에 보여주는 것입니다. 따라서 영상은 글쓰기와는 조금 다른 제작과정이 필요합니다.

영상을 제작하는 과정을 아주 간단하게 설명하면, 대략 3단계로 나눌 수 있습니다. 1단계 기획, 2단계 제작 (촬영), 3단계 편집입니다. 더 세세하게 전문적으로 나눌 수도 있지만, 여기서는 어렵지 않게, 아주 심플하게 설명해 드리겠습니다.

1단계 : 기획

2단계 : 제작(촬영)

3단계 : 편집

영상제작의 첫 번째 과정인 기획 단계입니다. 여러분이 유튜버이고 시청자들이 좋아할 만한 멋진 영상을 만들려고 한다고 가정해보겠습니다.

'그럼, 대체 어떤 영상을 만들어야 할까요?' 영상기획은 이 질문에서부터 시작됩니다. 일단 어떤 주제, 어떤 아이템을 선택할지 결정해야 합니다. 아무 생각도 떠오르지 않고 너무 막막할 때는 '모방은 창조의 어머니'라는 말을 떠올려봅시다. 이럴 때 벤치마킹은 훌륭한 전략이 될 수 있습니다. 벤치마킹은 단순한 복제와는 다른 개념입니다. '경쟁자에게서 배운다'라는 자세로 접근하다 보면 혁신적인 아이디어가 탄생할 수도 있습니다.

여러분이 만들고 싶어 하는 분야의 다른 우수한 유튜버들이 제작한 영상들을 꼼꼼하게 찾아봐야 합니다. 다른 유능한 유튜버들의 작품들을 살펴보다 보면 매력 포인트는 무엇인지, 어떤 것을 취하고 어떤 것을 버려야 하는지 배울 수 있죠. 장점과 단점을 비교 분석하는 과정이 큰 도움이 될 수 있습니다. 같은 주제, 같은 소재라도 나만의 방식을 찾을 수 있습니다. 내 것을 찾아가는 과정속에서 영상기획이 술술 풀릴 수도 있습니다.

영상기획 과정에서는 앞에서도 언급했던 타깃 시청자층을 고려해야 합니다. 이것이 시청자들에게 사랑받는 영상을 만들 수 있는 지름길입니다. 그리고 영상기획 단계에서 '진정성'을 담으려고 노력해야 합니다. 영상을 만든 사람의 진정성이 느껴질 때 시청자의 마음이 움직이기 마련입니다.

영상기획 내용을 정리하기 위해서 영상기획안을 작성합니다. 기획한 내용을 간단한 문서로 기록해두는 것입니다. 형식은 자유롭게 편하게 작성하면 됩니다. 혼자서 기획, 촬영, 편집을 모두 다 하는 1인 크리에이터라면 간단한 메모 정도로 충분합니다. 나만의 방식을 찾는 것이 중요합니다.

❽ 영상대본 작성하기

영상기획이 마무리됐다면 본격적인 촬영에 들어가기 전에 대본을 작성합니다. (대본을 시나리오나 구성안이라고 표현하기도 합니다. 전문적으로 구분할 것이 아니라면, 같은 뜻의 용어라고 생각하면 됩니다.)

혼자서 영상을 만드는 1인 크리에이터라면 역시나 편한 마음으로 대본을 작성하면 됩니다. 영상으로 표현하려는 스토리를 미리 쭉 글로 적는다고 생각하면 됩니다. 영화를 촬영하기 전에 시나리오를 작성하고, 방송 촬영을 하기 전에는 방송대본을 작성합니다. 마찬가지로 유튜브 영상 등을 만드는 1인 크리에이터도 미리 대본을 써보는 것이 좋습니다.

초보 영상제작자인 경우, 기획안이나 대본 없이 무턱대고 촬영부터 하는 경우가 종종 있습니다. 일단 카메라를 들고 찍기는 했는데 '그다음에 무엇을 해야 하는 거지?'라고 혼란에 빠질 수도 있습니다. 그래서 영상

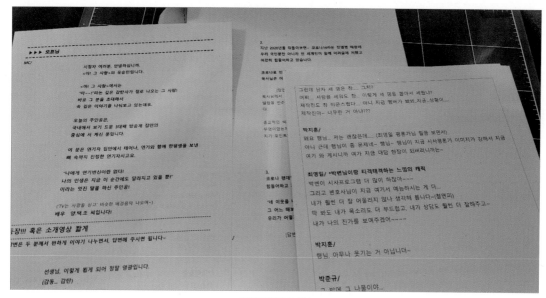

영상기획안과 대본

기획안과 영상대본이 필요합니다. 비유로 말하자면 기획안과 대본은 지도와 같은 것입니다. 약도나 지도를 미리 만들어 놓고 길을 떠나면 헤매지 않을 수 있습니다. 하지만 길을 잘 모르는데, 약도도 없고 지도도 없다면 방향을 잃어버릴 수도 있죠. 영상을 촬영하기 전에 모든 것이 머릿속에 들어있다면 기획안과 대본이 필요 없을 수도 있습니다. 하지만 그런 것이 아니라면 기획안과 대본은 필요합니다.

✪ 스토리보드(콘티) 만들기

스토리보드(혹은 콘티)는 본격적인 촬영에 앞서 어떻게 촬영할지를 그림으로 미리 표현해보는 작업을 말합니다. 촬영 전에 글로만 영상기획안과 대본을 작성할 경우 디테일한 부분을 놓칠 수가 있습니다. 그런 실수를 하지 않기 위해서 미리 그림으로 표현해보는 것입니다. 글로 표현하기 힘든 것을 그림으로 그려보면 쉬워질 때가 있죠. 그래서 스토리보드가 필요한 것입니다.

'그런데 영상을 제작할 때 스토리보드가 반드시 필요한가요?'
이 질문에는 정답이 없습니다. 필요하면 작성하는 것이고, 필요하지 않으면 안 해도 됩니다. 영화, 드라마, 뮤직비디오처럼 제작비가 많이 들어가고 제작인력이 많이 필요한 영상을 촬영할 때는 스토리보드가 필수입니다. 하지만 1~2명이 만드는 영상이라면 스토리보드는 있어도 되고 없어도 됩니다.

스토리보드는 그림을 잘 그릴 필요가 전혀 없습니다. 그림을 잘못 그린다고 걱정하지 마세요. 영상을 제작하는 사람이 알아볼 수 있을 정도면 됩니다. 그림으로 그리는 간단한 메모라고 생각하면 됩니다.

스토리보드(콘티) 작성 예시

순서	비디오	화면 설명
1		"커피를 맛있게 즐기는 방법" 카페 내부의 모습
2		"원두를 핸드밀로 갈아봅시다" 핸드밀로 커피 원두를 가는 장면
3	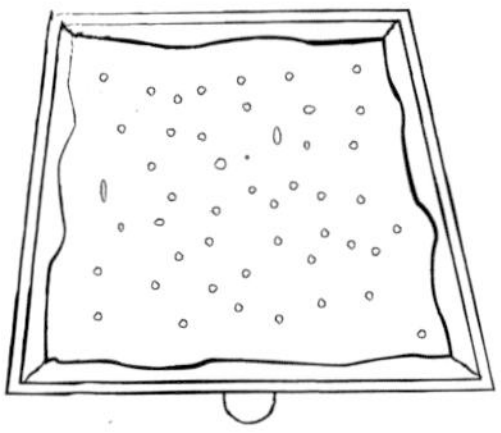	"커피 가루가 곱게 갈렸네요" 핸드밀로 갈린 커피 가루를 클로즈업

*위의 그림은 예시일 뿐입니다. 그림을 잘 그릴 필요가 없습니다. 영상제작자가 알아볼 수 있을 정도의 간단한 그림이면 충분합니다.

04 스마트폰으로
쉽게 촬영하기

ⓚ 스마트폰으로 동영상 촬영하는 방법

영상기획과 대본 작성 등이 마무리됐다면, 이제 본격적으로 촬영에 들어가야 할 차례입니다. DSLR이나 미러리스 카메라 같은 장비가 없어도 스마트폰만으로도 괜찮은 퀄리티의 동영상을 촬영할 수 있습니다. 요즘 최신 스마트폰들은 상당히 훌륭한 카메라 성능을 가지고 있고 DSLR 카메라 등에 비해서 조작법도 간편한 편입니다.

하지만 주의할 점은 일반 카메라와는 다른 스마트폰만의 촬영 요령이 있다는 점입니다. 스마트폰으로 동영상을 찍을 때 어떤 노하우가 필요한지 다음과 같이 정리해봤습니다.

스마트폰 동영상 카메라 촬영 요령

❶ 수직/수평 안내선 : 스마트폰 카메라로 동영상 촬영을 할 때, 카메라 설정에서 '수직/수평 안내선' 혹은 '격자'를 클릭해서 사용하는 것이 좋습니다. 이렇게 하면 수직과 수평을 정확하게 맞춰서 깔끔하게 촬영할 수 있습니다. 그리고 가운데 네모에 주인공이 되는 사물이나 인물을 배치하면 깔끔한 구도로 찍을 수 있습니다.

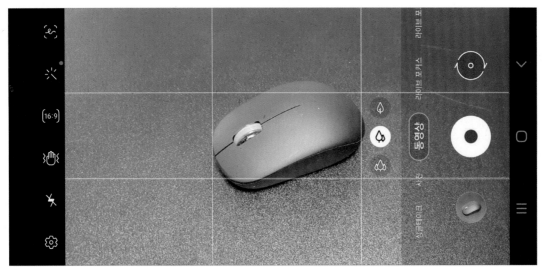

수직/수평 안내선 활용하기

[메뉴 설정] 카메라 → 설정 → 수직/수평 안내선 or 격자

– 수직, 수평을 정확하게 맞출 수 있습니다.

– 가운데 네모를 기준으로 주인공을 배치하면 시선이 집중됩니다.

❷ 비행기 모드 : 스마트폰으로 촬영할 때는 일단 '비행기 모드'로 설정하고 찍어야 합니다. 혹시 전화나 문자메시지 등이 와서 촬영에 방해될 수 있는 가능성을 원천 차단하는 것입니다. 그리고 현장의 소리를 생생하게 사용하고 싶다면 소음이 될 환풍기, 에어컨, 실내 음악 등을 잠시 꺼놓아야 합니다.

❸ 삼각대 : 스마트폰으로 좋은 영상을 찍으려면 삼각대에 스마트폰을 거치하고 촬영하는 것은 기본입니다. 불필요한 카메라 움직임이나 흔들림 없이 촬영하려고 노력해야 합니다. 움직임이 있는 촬영을 해야 한다면 '짐벌'을 사용하는 것도 좋은 선택입니다.

❹ 3초 정도의 여유 : 스마트폰은 화면의 버튼을 눌러서 촬영해야 합니다. 그런데 버튼을 누르고 촬영이 시작될 때까지 미세한 시간차가 발생합니다. 약간의 시간 지연 현상이 있는 것이죠. 촬영 종료 버튼을 누를 때도 마찬가지입니다. 그래서 촬영의 시작과 끝은 약 3초 정도의 여유가 있어야 합니다. 이렇게 하면 스마트폰 카메라가 미세하게 흔들리는 것도 방지할 수 있습니다. 그리고 이런 3초 정도의 여유가 있어야 나중에 장면전환(트랜지션) 편집을 할 때 유용하게 쓸 수 있습니다.

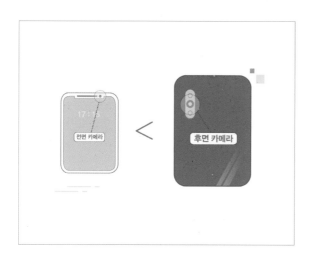

❺ 전면 카메라와 후면 카메라 : 대부분의 스마트폰은 셀프샷을 찍을 수 있는 전면카메라보다 후면카메라가 훨씬 성능이 좋습니다. 그래서 되도록이면 후면카메라를 사용해야 합니다. 그리고 반드시 촬영을 하기 전에 렌즈를 깨끗하게 닦는 것을 잊지 말아야 합니다. 스마트폰은 일상 속에서 자주 사용하는 물건이기 때문에 렌즈에 지문이나 먼지가 묻어있을 확률이 높기 때문입니다.

❻ 밝은 곳에서 촬영하기 : 스마트폰은 되도록이면 밝은 곳에서 촬영하는 것이 좋습니다. 빛의 양이 많은 곳에서 촬영해야 최고의 화질로 촬영이 가능해집니다. 야간에 촬영할 때는 가능한 한 조명이 있는 곳에서 촬영하는 것을 추천합니다.

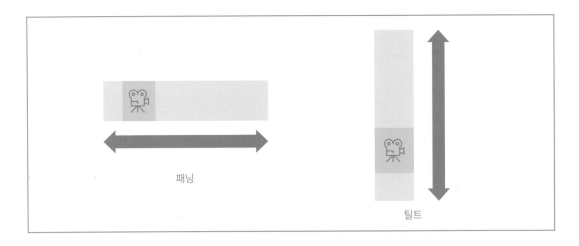

❼ 패닝과 틸트 : 초보자가 동영상 촬영을 할 때, 카메라 무빙이 어색할 때가 많습니다. 정신없이 흔들리는 카메라 무빙보다는 안정적인 움직임이 필요합니다.

카메라를 좌우로 이동하면서 찍는 것을 '패닝'이라고 하고, 카메라를 위아래로 이동하면서 촬영하는 것을 '틸트'라고 합니다. 패닝과 틸트 촬영을 할 때는 한쪽 방향으로만 일방통행을 해야 합니다. 왼쪽과 오른쪽으로 갔다 왔다 하게 되면 시청자가 어지러움을 느낄 수 있습니다. 마찬가지 이유로 패닝과 틸트는 이동속도도 일정하게 해야 합니다. 최대한 일정한 속도로 이동해야 화면이 어지럽지 않게 느껴집니다.

그리고 카메라를 움직일 때 수평과 수직을 맞춰주면서 이동해야 합니다. 앞에서 이야기한 것처럼 스마트폰 카메라 화면에 수직/수평 안내선을 띄워서 촬영하면 편리합니다.

❽ 편집점 : 스마트폰 동영상 카메라로 촬영할 때, 스마트폰 자체 내장마이크로 녹음하지 않고 별도의 외장 마이크로 녹음할 때가 있습니다. 이럴 경우 손뼉을 쳐서 편집점을 잡아둬야 합니다. 촬영을 시작하기 직전에 '짝'하고 박수를 한번 치고 시작하면 됩니다. 편집할 때 싱크(Sync)를 맞추기 위해서입니다. 싱크를 맞춘다는 것은 쉽게 말해서 영상과 사운드를 일치시키는 것입니다.

예를 들어서 스마트폰으로 촬영하지만 소리는 별도의 녹음 장비로 녹음할 때가 있습니다. 이럴 경우, 나중에 편집하면서 스마트폰의 영상과 녹음 장비의 사운드를 일치시켜야 합니다. 영상편집을 할 때, 촬영 시작 직전에 '짝'하고 손뼉을 친 부분을 기준으로 싱크를 맞춰주면 됩니다.

ⓚ 있으면 진짜 편한 촬영 보조장비

삼각대

흔들림 없는 영상을 찍을 수 있어야 영상의 퀄리티가 올라갑니다. 이때 필요한 아이템이 바로 삼각대입니다. 그리고 삼각대를 이용하면 신선한 앵글로 촬영이 가능해집니다. 예를 들어서, 높은 곳에서 아래로 내려 찍어야 할 때, 적절한 삼각대가 있다면 쉽게 촬영이 가능해집니다. 요즘은 스마트폰용 삼각대도 많이 출시되고 있습니다.

짐벌

짐벌은 카메라로 촬영할 때 흔들림을 최소화하기 위한 장치입니다. 짐벌을 사용하면 떨림을 잡아주기 때문에 영상이 세련되고 부드럽게 보입니다. 역시 스마트폰용 짐벌도 시중에 많은 종류가 나와 있습니다.

마이크

스마트폰에도 마이크가 있지만, 좀 더 좋은 음질을 얻고 싶다면, 촬영 목적에 맞는 마이크를 준비할 필요가 있습니다. 실내에서 길게 이야기하는 1인 크리에이터라면 단일지향성의 콘덴서 마이크를 사용하면 됩니다. 카메라와 떨어져 있는 인물을 촬영할 때는 핀 마이크를 이용할 수 있습니다.

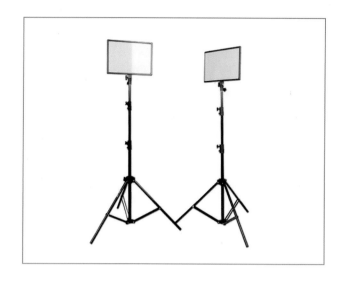

조명

유튜버 등 1인 크리에이터들이 많이 늘어나면서 유튜브용 조명들도 시중에 많이 나와 있습니다. 스마트폰 거치대가 달려 있는 탁상용 링라이트 조명도 있습니다. 처음부터 조명이 반드시 있어야 하는 것은 아니지만, 조명을 적절히 사용하면 더 멋진 영상을 만들 수 있습니다. 특히 인물을 촬영할 때 조명이 있으면 인물의 모습을 좀 더 화사하게 만들어줍니다.

크로마키

크로마키는 화면 합성 등의 특수 효과를 이용하기 위한 배경을 말합니다. 보통 녹색이나 파란색 배경을 사용합니다. 촬영용 크로마키 배경천을 준비하면 됩니다.

05 영상제작에
도움이 되는 것들

Ⓚ 저작권 없는 무료 이미지/영상 사이트들

동영상을 제작하다 보면 사진과 동영상, 음악 등을 많이 사용하게 됩니다. 특히 저작권 없는 무료 이미지와 무료 영상들이 필요합니다. 다음과 같은 사이트들을 활용해보세요.

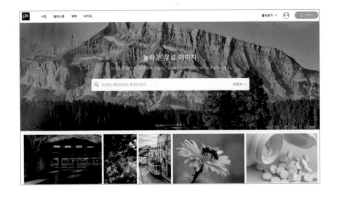

pixabay.com

픽사베이는 가장 대중적인 무료 이미지 사이트로 알려져 있습니다. 사진, 동영상, 일러스트 자료들도 보유하고 있습니다. 많은 양의 사진과 동영상들을 무료로 사용 가능하며, 상업적 용도로도 활용할 수 있고, 출처를 밝히지 않아도 됩니다. 한글로 검색이 된다는 것도 장점입니다.

pexels.com

펙셀스는 픽사베이와 비슷하게 무료 이미지와 무료 동영상을 제공합니다. 픽사베이보다 더 많은 수의 동영상을 지원하는 것으로 알려져 있습니다. 다양한 동영상을 찾을 수 있을 뿐만 아니라 예술적인 감각의 동영상들도 많습니다. 역시 한글로도 검색이 가능합니다.

splitshire.com

스플릿샤이어는 사진작가 다니엘 나네스쿠가 자신이 찍은 사진과 동영상을 무료로 공유하는 사이트입니다. 다니엘 나네스쿠의 목표는 많은 사람들이 훌륭한 콘텐츠를 만드는 것을 돕는 것이라고 합니다. 퀄리티 높은 사진과 영상 작품들이 많습니다.

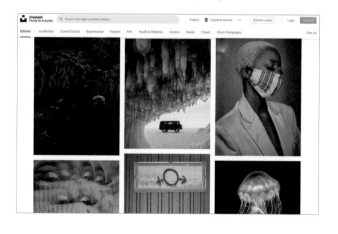

unsplash.com

언스플래쉬는 고퀄리티의 사진 촬영물들이 많습니다. 화질이 매우 뛰어난, 예쁘고 선명한 고퀄리티 이미지들을 원할 때 이용하면 좋습니다.

ⓚ 저작권 없는 무료 음악 구하는 법

동영상제작에 음악을 사용할 때는 저작권을 꼼꼼하게 따져봐야 합니다. 음악을 유료로 구매할 수도 있지만, 가격이 꽤 비싸고 결제하는 절차도 번거롭습니다. 그래서 영상제작 초보자라면 무료 음악부터 사용해볼 것을 권합니다. 저작권에서 자유로운 무료 음악을 구하는 방법을 소개합니다.

유튜브 오디오 보관함

유튜브의 '오디오 보관함'에 들어가면, 이곳에 있는 음악들을 저작권 문제없이 무료로 사용할 수 있습니다. 사용법은 다음과 같습니다.

❶ 유튜브에 접속해서 로그인합니다. 화면 오른쪽 위에 있는 계정(채널) 아이콘을 클릭합니다.

❷ 계정(채널) 아이콘을 클릭한 후, 'YouTube 스튜디오'를 클릭합니다.

❸ 'YouTube 스튜디오'로 들어간 후, 화면 왼쪽 아래에 있는 '오디오 보관함'을 클릭합니다.

❹ 오디오 보관함에 있는 음악들은 무료로 사용할 수 있는 음악들입니다. 검색이 가능하고, 자유롭게 다운로드할 수 있고, 음악을 클릭하면 미리 들어볼 수도 있습니다. (다만, 음악을 사용하기 전에 유튜브 오디오 보관함의 이용약관을 꼼꼼히 읽어보고 사용하셔야 합니다.)

로열티 프리 뮤직(Royalty Free Music)

저작권이 없는 무료 음악을 구하는 또 다른 방법이 있습니다. 유튜브 검색창에 'royalty free music'이라고 검색하면 전세계 음악가들이 무료로 공개해놓은 음악들을 찾을 수가 있습니다. 'royalty free music'이나 'no copyright music'이라고 적혀있으면 무료로 사용할 수 있는 음악입니다.

다만, 주의할 점이 있습니다. 음악

가가 음악의 저작권 내용을 표시해주기를 원하는 경우가 있습니다. 특별한 조건이 달려있을 수 있는 것이죠. 따라서 사용하려는 음악의 설명란을 꼼꼼하게 읽어봐야 합니다.

ⓚ 영상제작에 도움을 주는 앱들

멸치

간편하게 짧은 동영상을 만들 수 있는 앱입니다. 유튜브 썸네일, 인트로 영상, 짤막한 홍보영상 등을 아주 손쉽게 만들 수 있습니다.

글씨팡팡

간편하게 유튜브 썸네일을 만들 수 있는 앱입니다. 직관적이고 편리한 인터페이스를 가지고 있기 때문에 사용이 매우 쉽습니다. 유튜브 썸네일 만들기, 로고 제작, 사진에 글쓰기 등 글씨를 사용하는 이미지 작업에 유용하게 사용할 수 있습니다.

크리에이터 헬퍼

유튜브 썸네일, 채널아트, 프로필 이미지를 간편하게 제작할 수 있는 앱입니다.

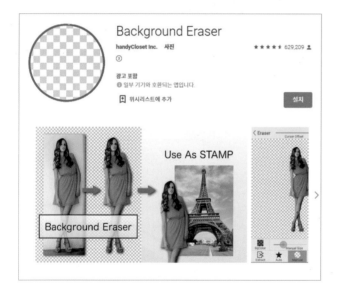

백그라운드 이레이저

사진의 뒷배경을 지울 수 있는 앱입니다. 마치 사진을 오려내는 듯한 효과를 얻을 수 있습니다. 흔히 말하는 '누끼 따기'를 쉽게 해줍니다. 이렇게 생성된 이미지로 합성사진 등 여러 가지 재미있는 이미지와 영상을 만들 수 있습니다.

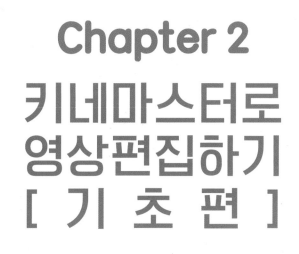

Chapter 2
키네마스터로
영상편집하기
[기 초 편]

CONTENTS

KINEMASTER

01 스마트폰 영상편집 앱 '키네마스터'

ⓚ 영상편집 시작하기

이제부터 키네마스터 앱을 이용해서 영상편집을 배워보겠습니다. 키네마스터는 스마트폰 영상편집 앱으로 많은 1인 크리에이터들이 사용하고 있습니다.

키네마스터는 많은 장점을 가지고 있습니다. 스마트폰 영상편집 앱이기 때문에 당연히 컴퓨터가 필요 없고 스마트폰만 있으면 편집이 가능합니다. 일단 사용법이 직관적이어서 배우기가 쉽습니다. 초등학생들에게 키네마스터를 가르쳐본 적이 여러 번 있었는데, 놀라울 만큼 빨리 배워서 깜짝 놀랐습니다. 쉽다는 장점이 있으면서 동시에 충분히 높은 퀄리티의 영상을 만들 수 있습니다. 그만큼 다양한 고급 기능들을 갖추고 있죠. 가장 큰 강점은 무료 버전만으로도 훌륭한 영상편집이 가능한 것입니다. 유료 버전을 구매할 경우에도 다른 영상편집 프로그램에 비해서 상대적으로 저렴한 편입니다. 또 다른 장점은 스마트폰 영상편집 앱인데도 불구하고 편집 방식이 PC용 영상편집 프로그램과 비슷하다는 점입니다. 따라서 키네마스터를 배워두면, 나중에 다른 PC용 영상편집 프로그램을 추가로 배우기가 쉽습니다.

자! 이제부터 여러분의 스마트폰을 손에 들고 차근차근 따라 해보시기 바랍니다. 어렵지 않습니다. 나이 어린 학생들도, 나이 드신 어르신도 할 수 있습니다. 누구나 배울 수 있습니다!

Ⓚ 키네마스터 앱 다운로드 하기

[Play 스토어]에 들어가서 [키네마스터]를 검색합니다. 키네마스터 앱을 다운로드 받아 [설치]합니다. 키네마스터를 비롯한 다양한 편집 앱이 [유사한 앱]으로 나타나므로, 스마트폰 저장 공간이 넉넉할 경우에는 [파워디렉터], [멸치], [비디오쇼], [비바비디오] 등의 영상편집 앱을 함께 받아두는 것도 좋습니다.

키네마스터 앱   유사한 영상편집 앱

ⓚ 키네마스터 워터마크 삭제하기

무료 버전을 이용할 경우 영상의 우측 상단에 [키네마스터]라는 로고가 나타나는데, 이를 '워터마크'라고 합니다. 유료 버전을 구매해서 사용할 경우에는 워터마크가 나타나지 않습니다.

키네마스터 무료 버전 : 화면 오른쪽 상단에 워터마크가 있음

키네마스터 유료 버전 : 워터마크가 삭제된 모습

❶ 키네마스터 초기 화면에서 〈지금 구독하세요〉 버튼을 클릭합니다.

❷ 원하는 기간을 선택하면 '구글 플레이 스토어'를 통해 결제할 수 있습니다

키네마스터는 무료 버전으로도 충분히 훌륭한 영상을 만들 수 있습니다. 초보자라면 무료 버전을 충분히 사용하고 익힌 후에 유료 버전 업그레이드를 고민해볼 것을 권합니다.

02 키네마스터 주요 메뉴

 🎬 키네마스터 첫 화면

❶ 처음 다운로드 받은 [키네마스터] 앱을 열면 이와 같은 첫 화면이 나옵니다.
여기에서 〈새로 만들기〉 버튼을 클릭하면 화면 〈새 프로젝트〉 설정 화면이 나옵니다.

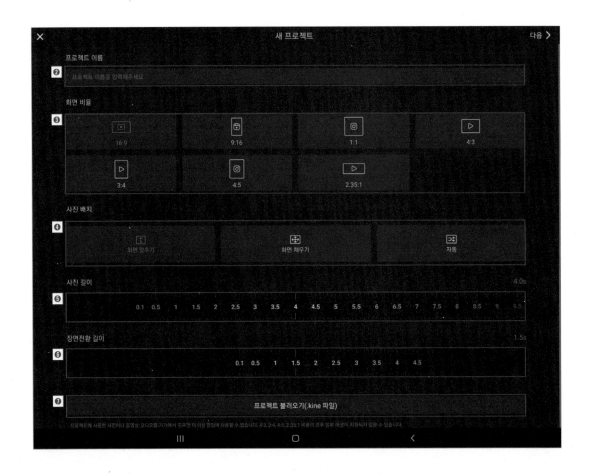

❷ 필요하다면 〈프로젝트 이름〉을 입력할 수 있습니다.

❸ 원하는 〈화면 비율〉을 선택할 수 있습니다.

❹ 화면 맞추기, 화면 채우기, 자동 등으로 〈사진 배치〉를 설정할 수 있습니다.

❺ 편집화면으로 사진을 불렀을 때 〈사진 길이〉를 미리 설정할 수 있습니다.

❻ 장면전환을 사용할 때 길이를 미리 설정할 수 있습니다.

❼ 다른 기기의 [키네마스터 앱]으로 영상편집을 했을 경우, 그 프로젝트 파일을 불러올 수 있습니다.

▷ 더 알아두면 좋은 것들

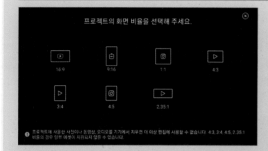

화면 비율 선택 메뉴
16:9 가장 자주 쓰는 화면 비율(유튜브 등)
9:16 세로영상으로 촬영했을 경우
1:1 인스타그램에 영상을 올릴 경우
4:3 아날로그 시대 많이 쓰던 화면 비율
3:4 아날로그 세로영상 화면 비율
4:5 인스타그램의 세로영상 화면 비율
2.35:1 와이드 화면 비율

*우리가 자주 보는 TV, 모니터, 유튜브 등 대부분의 동영상은 가로 16:9에 최적화되어 있습니다. 따라서 가급적 가로 16:9 비율로 영상이나 사진을 촬영하는 것이 좋습니다.

Ⓚ 키네마스터 편집화면 구성

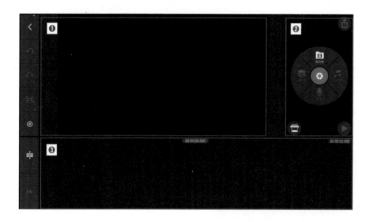

이 화면은 앞으로 여러분이 편집을 하면서 가장 자주 보게 될 기본적인 편집화면입니다.

❶ 프로그램 모니터 패널 : 현재 편집하고자 하는 화면이 보이는 곳입니다.

❷ 편집 툴 : 편집할 영상, 사진 등을 불러오는 버튼과 편집에 필요한 소스들이 있는 툴박스입니다.

❸ 타임라인 패널 : 비디오클립이나 오디오클립을 순서대로 배치하는 곳으로, 편집 프로그램상의 작업 공간입니다. 여러 편집들이 이곳에서 이루어집니다.

[미디어 브라우저]

키네마스터를 실행한 후 [화면 비율]을 선택하면, 바로 아래의 [미디어 브라우저]가 나타납니다. 이 화면에서 곧바로 영상과 사진을 불러와 편집화면으로 들어갑니다.

편집화면에서 [미디어]를 클릭하면 사진과 영상을 추가할 수 있습니다.

*우측 상단에 있는 버튼이 '확인' 버튼입니다. 키네마스터는 영상을 편집하는 중간 중간 별도의 저장을 하지 않아도 현재의 상태가 자동으로 저장됩니다.

기본 편집화면에 있는 버튼

키네마스터 편집화면에는 여러 가지 버튼들이 있습니다. 자주 쓰는 버튼들을 살펴보겠습니다. (더 많은 버튼들이 있지만, 뒤에서 차근차근 설명하겠습니다.)

❶ ‹ 현재까지 실행된 편집작업 내용을 저장하고, [키네마스터] 초기 화면으로 돌아갑니다. (최종적으로 편집된 내용이 저장되기 때문에 다시 불러올 수 있습니다.)

❷ ↺ 되돌리기 : 편집하는 작업의 바로 전 단계로 돌아가는 [되돌리기] 버튼입니다. 예를 들어서 3번째 단계 전으로 돌아가고 싶다면 되돌리기 버튼을 3번 누르면 됩니다.

❸ ▣ 미디어 : 편집하려는 사진이나 영상을 불러옵니다. 미디어는 스마트폰의 갤러리와 연결되어 있으며, 갤러리에 있는 폴더를 그대로 볼 수 있습니다.

❹ ▣ 에셋 스토어 : 다양한 부가 기능을 한눈에 살펴보고 다운로드할 수 있습니다.

❺ ◉ 설정 : 오디오, 비디오, 편집 관련해서 프로젝트의 기본값을 설정할 수 있습니다.

03 영상편집 쉽게 따라하기
(10분만에 배우는 편집)

Ⓚ 편집할 영상(사진) 불러오기

키네마스터의 강점 중 하나는 스마트폰, 태블릿 등 스마트 기기로 촬영한 파일을 별도로 옮기지 않고 바로 편집할 수 있다는 것입니다. 예를 들어 야외에서 가족이나 친구의 모습을 스마트폰으로 촬영하고 나서 바로 그 스마트폰의 키네마스터 앱으로 영상편집을 해서 유튜브에 업로드 하는 것이 가능합니다.

스마트폰이나 태블릿 안에 저장되어있는 영상과 사진을 불러오려면, 기본 편집화면의 편집 툴에 있는 [미디어]를 누르면 됩니다. [미디어 브라우저]가 뜨면 [미디어 브라우저]에서 스마트폰 내부에 있는 영상과 사진 폴더들을 그대로 볼 수 있습니다.

편집 툴의 [미디어] 버튼을 클릭

[미디어 브라우저]에서 영상(사진) 선택

[미디어 브라우저]에서 편집을 원하는 영상이나 사진을 터치하면 [타임라인]으로 불러올 수 있습니다.

[타임라인]에 영상과 사진들을 불러온 모습

> **TIP**
>
> ┌──┐
> │ 미디어 브라우저 '즐겨찾기' 지정하기
> └──┘

[미디어 브라우저]에서 자신이 자주 사용하는 영상(사진)을 길게 누르면 '즐겨찾기'로 지정할 수 있습니다.

[미디어 브라우저]에서 즐겨찾기 지정하고 싶은 영상(사진)을 길게 터치

[즐겨찾기] 별표 터치

 [미디어 브라우저] → [즐겨찾기] 폴더

 [즐겨찾기] 폴더에서 확인

플레이헤드의 이해

[타임라인 패널] 가운데를 보면 시간을 보여주는 빨간색 타임코드가 있습니다. 그리고 타임코드 아래로 빨간색 선이 수직으로 그어져 있습니다. 이 빨간색 선을 플레이헤드(재생헤드)라고 부릅니다.

플레이헤드는 모든 편집 작업의 기준선이라고 생각하면 이해가 쉽습니다.

플레이헤드는 현재 재생되는 지점을 나타냅니다. 그리고 모니터 패널에 보이는 영상의 위치도 플레이헤드가 있는 지점이 기준입니다.

영상을 자르고 붙이거나 모든 종류의 효과를 삽입할 때도 이 빨간색 선이 있는 플레이헤드의 위치가 기준이 됩니다.

ⓚ 타임라인 확대/축소하기

[타임라인]에 있는 영상(사진)을 편집하다 보면 세세한 부분을 편집해야 할 때가 있습니다. 이럴 때는 손가락 두 개를 이용해 영상클립을 넓게 확대할 수 있습니다. 반대로 축소도 가능합니다. 손가락 두 개로 스마트폰 화면을 확대/축소하는 것과 비슷합니다. 이때 영상의 전체 시간이 늘거나 줄지는 않습니다. 시간이 늘어나는 것이 아니라 타임라인 상에서 보기 편하도록 영상클립을 넓혔다, 줄였다 해주는 것뿐입니다.

영상(사진) 클립의 길이는 4초입니다.

두 손가락으로 영상(사진)을 확대해도 4초라는 시간은 변하지 않는 것을 확인할 수 있습니다.

ⓚ 영상(사진) 길이 조절하기

[타임라인]에서 영상(사진) 클립의 길이와 시간을 조절할 수도 있습니다. [타임라인] 패널에 불러온 영상클립을 한번 터치하면 노란색 테두리가 생깁니다. 이때, 영상클립의 처음이나 끝에 있는 노란색 테두리를 움직이면 영상의 길이를 줄이거나 늘릴 수 있습니다.

이 방법은 앞에서 설명한 '타임라인 확대/축소하기'와 큰 차이점이 있습니다. 영상의 실제 시간이 줄거나 늘어난다는 점이 분명히 다릅니다. 이때, 영상은 촬영원본의 최대 길이보다 더 늘어나지 않습니다. 하지만 사진 클립은 시간 제약 없이 늘릴 수 있습니다.

영상 앞쪽이 필요 없어서 자르고 싶다면, 앞쪽에 있는 노란 테두리를 뒤로 밀면 됩니다. 뒤로 밀린 시간만큼 영상이 잘려 나가게 됩니다. 마찬가지로 영상 뒤쪽의 노란 테두리를 앞쪽으로 밀면, 뒤쪽 영상이 잘려 나가게 됩니다. 이때 시간이 줄어드는 것을 확인할 수 있습니다.

(※ 영상(사진) 클립의 중간을 자르는 것은 바로 뒤에서 자세히 설명합니다.)

촬영원본의 전체 길이가 9초인 영상클립

영상클립 길이를 5초로 줄인 영상 (영상클립을 줄이는 과정에서 '잘려진 시간'이 얼마나 되는지 빨간 글씨의 박스로 표시됩니다.)

🎬 영상(사진) 자르기

영상편집에서 가장 기본적인 작업이 영상(사진)을 자르고 붙이는 컷 편집입니다. 먼저 영상의 가운데를 자르는 방법부터 설명합니다.

❶ [타임라인] 패널에서 영상의 자르고 싶은 위치에 [플레이헤드]를 맞춥니다. 그리고 영상클립을 한번 터치하면 노란색 테두리가 생깁니다.

❷ 영상클립을 터치하면 오른쪽 상단의 [편집 툴]에 다양한 메뉴들이 나타납니다. 오른쪽 상단의 메뉴 중에서 '가위 모양'을 클릭합니다. 이 가위 모양은 [트림/분할] 버튼입니다. 자르기 버튼이라고 부르기도 합니다.

❸ 가위 모양의 자르기 버튼을 클릭하면 4가지 메뉴가 나타납니다. 이 중 하나의 영상클립을 두 개로 나누는 것은 세 번째 칸에 위치한 [플레이헤드에서 분할]입니다.

❹ [플레이헤드에서 분할]을 클릭하면 1개의 영상이 2개로 나누어진 것을 확인할 수 있습니다.

ⓚ [트림/분할] 4가지 기능 익히기

키네마스터에서 영상(사진) 자르기, 즉 [트림/분할]에는 4가지 기능이 있습니다. 그중에서 가장 자주 쓰게 되는 기능은 앞에서 설명한 [플레이헤드에서 분할]입니다. 참고로, 트림(trim)은 '끝부분을 잘라내다' 혹은 '불필요한 부분을 잘라내다'라는 의미입니다.

20초짜리 영상클립의 10초 지점에 [플레이헤드]를 놓고 자르기를 합니다.

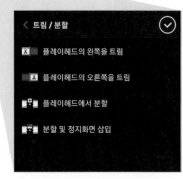

❶ [플레이헤드의 왼쪽을 트림] : 선택된 영상에서 플레이헤드를 기준으로 왼쪽 영상이 삭제됩니다.
(20초 영상에서 0~10초까지 삭제됐습니다.)

❷ [플레이헤드의 오른쪽을 트림] : 선택된 영상에서 플레이헤드를 기준으로 오른쪽 영상이 삭제됩니다.

(20초 영상에서 10~20초까지 삭제됐습니다.)

❸ [플레이헤드에서 분할] : 선택된 영상에서 플레이헤드를 기준으로 영상클립을 2개로 분리합니다.

(20초 영상 길이는 동일한 상태에서 영상이 2개로 나누어졌습니다.)

❹ 플레이헤드 위치의 화면이 사진으로 삽입되면서, 영상이 2개로 나눕니다.(20초 영상이 2개로 나뉘고 가운데 스틸컷이 삽입되면서 총 시간이 늘어납니다.)

Chapter 2

영상(사진)을 자르고 붙이는 '컷 편집'은 영상편집에서 가장 기본적인 작업입니다. 영상클립을 붙이고 자르고 또 붙이고 자르고 하는 작업을 반복하면서 전체 영상의 스토리를 완성해나갑니다. 이때 편집하는 중간 중간에 재생을 해보면서 '미리보기'를 하는 것이 요령입니다.

[편집 툴]의 오른쪽 아래에 있는 '재생 버튼'을 누르면 미리보기를 위한 재생을 할 수 있습니다. 이렇게 영상이 제대로 편집됐는지 확인하면서 컷 편집을 수정할 수 있습니다.

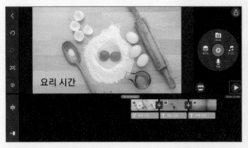 

[편집 툴]의 오른쪽 아래에 있는 '재생 버튼'을 누릅니다.　　　영상이 제대로 편집됐는지 확인합니다.

 키네마스터 시작하기와 영상 자르기 등에 대해서
더 알고 싶다면 〈신선스쿨〉 유튜브 채널에서
영상으로 확인해 보세요!

▶ https://youtu.be/CYEJeAOYfY8

Ⓚ 장면전환 효과 넣기

영상을 멋지게 만드는 여러 효과들이 있는데, 그 중에서 대표적인 것이 바로 '장면전환' 효과입니다. 하나의 장면에서 다른 장면으로 넘어갈 때, 다양한 종류의 장면전환 효과를 넣을 수 있습니다.

 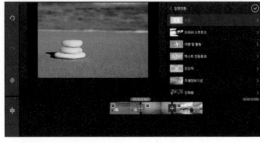

1 영상(사진) 클립이 두 개 이상일 경우, 클립과 클립 사이에 '플러스 버튼'이 생깁니다. 이 플러스 버튼을 클릭하면 우측 상단에 [장면전환] 메뉴가 나타납니다.

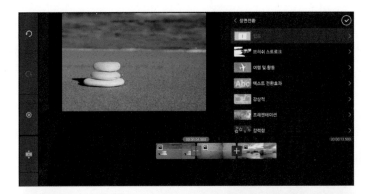

2 여러 장면전환 효과들 중에서 하나를 선택하면 됩니다. 종류가 매우 많기 때문에 하나하나 클릭해보면서 자신이 원하는 장면전환 효과를 찾습니다.

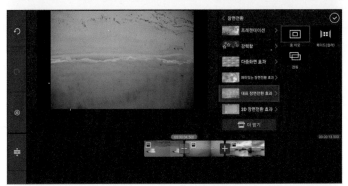

3 [장면전환] 메뉴 중에서 '대표 장면전환 효과'를 선택해봤습니다. '대표 장면전환 효과'를 클릭하면 하위 선택 메뉴들이 나타납니다. 그 중에서 '줌 아웃'을 선택했습니다.

4 장면전환 효과를 선택해서 클릭하면, 프로그램 모니터 장면전환 효과가 보입니다. 영상클립 사이 플러스 버튼이 '줌 아웃' 장면전환 아이콘으로 바뀐 것을 확인할 수 있습니다.

프로그램 모니터 패널 아래 나타나는 시간 다이얼로 장면전환 속도를 조절할 수 있습니다. (영상 길이에 따라서 조절할 수 있는 시간은 다릅니다)

TIP 영상 사이에 '플러스 버튼'이 보이지 않는다면?

타임라인이 과도하게 축소된 상태에서는 영상(사진) 클립들 사이에 플러스 버튼이 보이지 않습니다. 영상클립들 사이에 작은 틈만 보입니다. 이럴 때는 당황하지 말고 두 손가락으로 타임라인을 더 넓게 확대시켜주면 됩니다. 그러면 플러스 버튼이 정상적으로 보이게 됩니다.

플러스 버튼이 작은 틈 사이에 숨어서 보이지 않는 경우, 타임라인을 확대해 주면 됩니다.

TIP 북마크 활용하기

북마크는 타임라인의 특정 위치를 기억할 수 있는 유용한 기능입니다. 프로젝트의 길이가 너무 길거나 레이어가 많아서 프로젝트가 복잡할 때, 타임라인의 원하는 지점에 북마크를 설정해두면 편리합니다. 필요할 때 그 지점으로 바로 가서 편집할 수 있습니다. 마치 책의 낱장 사이에 끼워두는 책갈피 같은 기능이라고 생각하면 이해가 빠르실 겁니다.

플레이헤드의 빨간색선 위에는 이 지점의 시간을 알려주는 타임바가 있습니다. 이 타임바를 손가락으로 눌러주면 북마크가 생깁니다. 빨간색이었던 플레이헤드의 색상이 보라색으로 바뀌면서 북마크가 만들어집니다.

❶ 플레이헤드의 빨간색선 위에 있는 빨간색 타임바를 손가락으로 눌러줍니다.

❷ 플레이헤드의 색상이 보라색으로 바
뀌면서 북마크가 만들어집니다. 플레이
헤드를 한번 더 클릭하면 북마크가 삭제
됩니다.

❸ 북마크는 원하는 만큼 여러 개 만들
수 있습니다.

ⓚ 영상 내보내기 및 공유

이제 아주 기초적인 영상편집이 완성되었습니다. 드디어 편집을 마무리하고 영상을 출력하는 단계입니다.
키네마스터 영상편집 프로그램 밖으로 영상을 내보내거나 혹은 유튜브 등 SNS에 공유할 수 있기 때문에
[내보내기 및 공유]라고 표현합니다.

❶ 영상편집이 잘 마무리되었는지
미리보기를 통해 다시 한번 확인합
니다.

전체 화면의 오른쪽 상단 모서리에
있는 [내보내기 및 공유] 버튼을 클
릭합니다.

❷ [내보내기 및 공유] 화면이 나타납니다. 여기서 [해상도], [프레임레이트], [비트레이트] 이렇게 3가지 설정을 선택해주면 됩니다.

유튜브에 업로드 하는 일반적인 영상이라면 [해상도]는 FHD 1080p로 맞춰주면 됩니다. 그리고 [프레임레이트]는 30으로 맞춰주면 됩니다.

❸ 마지막으로 맨 아래쪽에 있는 [내보내기] 버튼을 클릭하면, 동영상이 MP4 파일로 저장됩니다.

[비트레이트]는 높을수록 동영상의 화질이 좋아집니다. 하지만 비트레이트가 높을수록 동영상의 용량이 커지는 단점이 있습니다. 그래서 비트레이트는 적당하게 설정하는 것이 좋습니다.

다음의 표는 유튜브에서 권장하는 비트레이트(비트전송률)입니다. 유튜브 제작을 위해서 영상 내보내기를 할 때, 표의 값을 참고해서 적당한 비트레이트를 설정하면 됩니다.

〈유튜브가 권장하는 비트레이트(비트전송률)〉

SDR 업로드 시 권장 동영상 전송률

4K 해상도의 신규 업로드 동영상을 보려면 VP9을 지원하는 기기나 브라우저를 사용하세요.

유형	동영상 비트전송률, 표준 프레임 속도 (24, 25, 30)	동영상 비트전송률, 표준 프레임 속도 (48, 50, 60)
2160p(4k)	35~45Mbps	53~68Mbps
1440p(2k)	16Mbps	24Mbps
1080p	8Mbps	12Mbps
720p	5Mbps	7.5Mbps
480p	2.5Mbps	4Mbps
360p	1Mbps	1.5Mbps

HDR 업로드 시 권장 동영상 전송률

유형	동영상 비트전송률, 표준 프레임 속도 (24, 25, 30)	동영상 비트전송률, 표준 프레임 속도 (48, 50, 60)
2160p(4k)	44~56Mbps	66~85Mbps
1440p(2k)	20Mbps	30Mbps
1080p	10Mbps	15Mbps
720p	6.5Mbps	9Mbps
480p	지원되지 않음	지원되지 않음
360p	지원되지 않음	지원되지 않음

키네마스터 장면전환과 내보내기 등에 대해서
더 알고 싶다면 〈신선스쿨〉 유튜브 채널에서
영상으로 확인해 보세요!

https://youtu.be/2XLlehgVKfk

04 초간단 자막 만들기

 클릭 한번으로 자막 추가하기

키네마스터에서는 자막을 아주 쉽고 간편하게 넣을 수 있습니다. 여기서는 자막을 쉽고 빠르게 넣는 방법을 설명합니다.

① 자막을 넣고 싶은 위치로 [플레이헤드]를 이동시킵니다.

❷ 오른쪽 상단의 [편집 툴]에서 [레이어]를 클릭합니다. 그리고 [텍스트]를 클릭합니다.

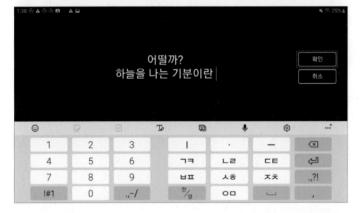

❸ 원하는 글씨를 입력 후 [확인]을 누릅니다.

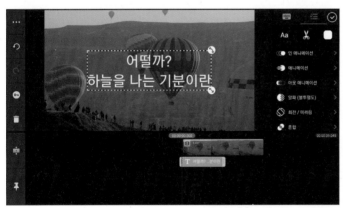

❹ 자막이 화면 정중앙에 생성됩니다.

ⓚ 자막 위치 이동하기, 글씨 크기 조절하기

자막을 새롭게 입력하면 '자막 박스'가 생깁니다. 자막 박스를 터치하여 원하는 위치로 이동시킬 수도 있고, 자막 크기를 조절할 수도 있습니다. 그리고 자막을 회전시킬 수도 있습니다.

🔄 둥근 화살표가 자막 박스의 우측 상단 모서리에 나타나고, ↘ 직선 화살표가 자막 박스의 우측 하단 모서리에 생깁니다.

❶ 자막 박스 혹은 타임라인에 있는 자막클립을 터치해서 드래그하면, 자막을 원하는 위치로 이동시킬 수 있습니다.

❷ 자막 박스의 우측 상단에 있는 둥근 화살표를 눌러서, 자막 글씨를 회전시킬 수 있습니다.

❸ 자막 박스의 우측 하단에 있는 직선 화살표를 눌러서, 자막 글씨 크기를 조절할 수 있습니다.

🅚 자막 길이 조절하기

[타임라인]에 생성된 자막클립을 터치하면 자막의 길이를 조절할 수 있습니다. 영상(사진) 클립과 마찬가지로 터치 후 생겨난 노란 테두리를 움직이면 자막 길이가 조절됩니다.

❶ 자막클립을 터치하면 노란색 테두리가 생깁니다.

❷ 노란색 테두리의 가장자리를 움직이면 자막의 길이가 조절됩니다. (이때 자막의 '재생시간'을 표시해주는 타임코드 박스가 나타납니다.)

❸ 최종적으로 영상(사진) 클립과 어울리게 자막의 길이를 적당하게 맞춰줍니다.

자막 길이를 영상(사진) 길이와 정확하게 맞추고 싶다면?

자막클립의 길이를 손가락으로 조절하다 보면, 마치 자석이 딱 달라붙는 것처럼 영상(사진) 클립의 끝 부분과 자막클립의 끝 부분이 똑같이 맞춰집니다.

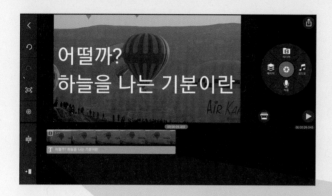

키네마스터 자막 넣기 등에 대해서 더 알고 싶다면
〈신선스쿨〉 유튜브 채널에서
영상으로 확인해 보세요!

https://youtu.be/i6DOS4avcDw

05 키네마스터 편집을 위해 기본적으로 알아야 할 것들

Ⓚ 에셋 스토어

[에셋 스토어]는 말 그대로 영상편집을 하면서 사용할 수 있는 다양한 기능과 효과들이 모여 있는 상점과 같은 곳입니다. 장면전환, 효과, 폰트, 음악, 효과음 등을 다운로드 받을 수 있습니다.

※ 키네마스터의 모든 기능들은 유료 버전 이용자는 자유롭게 사용할 수 있고, 무료 버전 이용자인 경우에도 광고를 보면 사용할 수 있습니다.

[에셋 스토어]에 들어가는 방법은 여러 가지가 있습니다. 대표적인 방법은 다음의 두 가지입니다.

❶ 편집 툴에 있는 [에셋 스토어]
버튼을 통해 들어가는 방법

❷ 편집 툴에 있는 [레이어]에서 효
과, 스티커, 텍스트 등을 이용하다
가, 메뉴 가장 아래에 있는 [더 받
기]를 통해 들어가는 방법

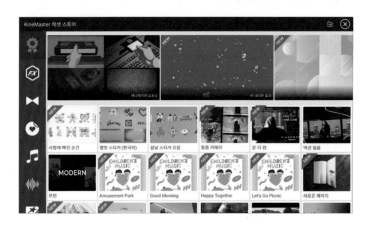

[KineMaster 에셋 스토어]

신규로 업데이트된 효과들을 가장
먼저 확인할 수 있습니다. 클릭하면
세부 항목들이 정렬되어 있습니다.
원하는 기능과 효과들을 클릭해서
다운로드하면 됩니다.

[효과]

쉽게 말해 영상에 얹어지는 특수 렌즈, 혹은 특수효과라고 생각하면 됩니다. 예술적, 블러, 컬러, 왜곡, 변형, 마스크, 글리치, 렌즈, 노이즈 등으로 느낌에 따라 구분되어 있습니다.

〈효과 예시〉
❶ 만화
❷ 화면 분할 효과
❸ 스캔 웨이브
❹ 색상 분리 효과

[장면전환]

영상(사진)과 영상(사진) 사이에 들어가는 장면전환 효과들입니다.

3D, 액션, 아날로그, 컬러, 교차/분할, 그래픽, 물결, 픽셀, 슬라이드로 느낌에 따라 구분되어 있습니다.

〈장면전환 예시〉

❶ 포스트 잇

❷ 프리뷰 롤

❸ 하늘 위로

❹ 책 넘김 전환

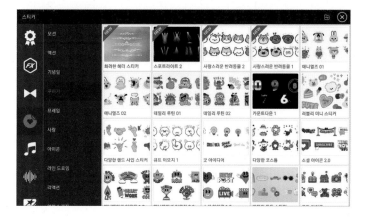

[스티커]

영상에 꾸밈 효과를 주는 기능입니다. 말풍선, 말 바, 스티커 등 아기자기한 영상용 스티커입니다. 불꽃, 오로라, 폭죽과 같은 움직임이 있는 특수효과 등도 포함되어 있습니다.

모션, 기념일, 꾸미기, 프레임, 아이콘, 리액션, 계절, 특수 효과, 텍스트 라벨 등 용도에 따라 구분되어 있습니다.

〈스티커 예시〉

❶ 다함께 박수

❷ 다양한 리액션 모음

❸ 플래너 키트

❹ 트윙클

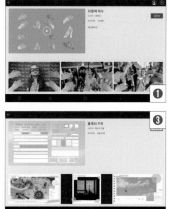

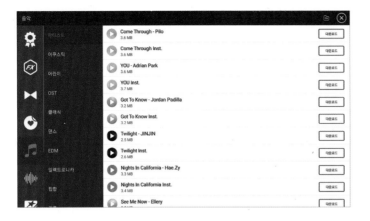

[음악]

다양한 장르의 음악을 다운로드 할 수 있습니다. 어쿠스틱, 어린이, OST, 클래식, 댄스, EDM, 일렉트로니카 등 음악 장르별로 구분되어 있습니다.

[효과음]

관중 반응, 자동차, 발자국, 기타 악센트, 음악효과, 스포츠, 성우 등 다양한 종류의 효과음들을 다운로드 할 수 있습니다.

[클립 그래픽]

영상 타이틀, 특수효과 등에 필요한 템플릿을 제공합니다. 타이틀 영상, 브릿지 영상 등이 필요할 때 편리하게 활용할 수 있습니다.

〈클립 그래픽 예시〉
❶ 인 애니메이션
❷ 오버롤 애니메이션 2
❸ 레트로 디스플레이
❹ 뉴스

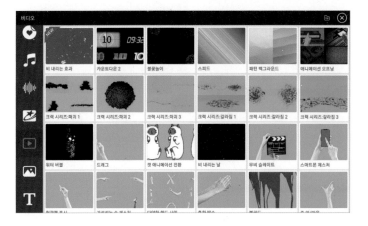

[비디오]

특별한 효과와 애니메이션 비디오
에셋과 크로마키 등을 제공합니다.

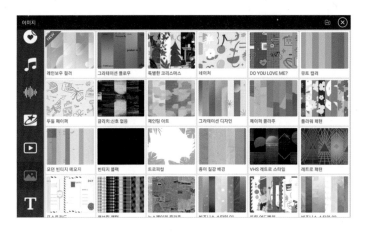

[이미지]

이미지 에셋과 크로마키 등을 활용
하면 멋진 배경을 만들 수 있습니다.

[폰트]

자막에 필요한 텍스트 폰트입니다. 한국어, 고딕체, 명조체, 디스플레이, 필기체, 일본어, 어랍어 등의 폰트가 있습니다. 텍스트 폰트는 모두 무료이므로 자유롭게 다운로드 받아서 사용할 수 있습니다.

〈폰트 예시〉
❶ 이순신체
❷ 나눔손글씨 바른히피
❸ 가비아 솔미체
❹ 여기어때 잘난서체

*영상제작에서 자막의 중요성이 점점 더 커지고 있습니다. 글씨체만으로도 어떤 느낌을 가진 영상인지 사람들은 상상하게 됩니다. 영상의 분위기에 적합한 글씨체를 선택하는 것은 영상의 완성도를 더 높여줍니다.

ⓚ 레이어(layer)

키네마스터 같은 영상편집 프로그램을 사용할 때, '레이어'의 개념을 이해하고 있으면 편리합니다. 레이어란 '층'이라는 뜻으로, 영상편집에서는 '여러 개를 쌓아가며 편집하는 것'을 말합니다.

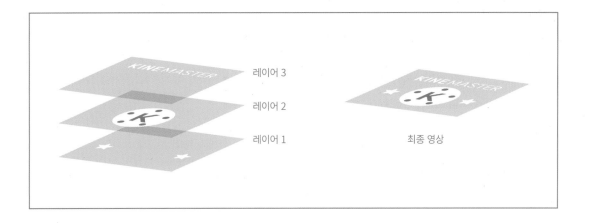

영상에 음악, 자막, 사진, 효과 등을 추가할 때마다 레이어가 쌓인다고 생각하면 됩니다. 우리가 알고 있는 '편집'의 개념은 이런 레이어를 쌓아가는 과정입니다.

아래의 키네마스터 편집화면을 살펴보면, 영상클립 아래로 많은 레이어가 여러 층으로 생성된 것을 볼 수 있습니다.

좌측 메뉴의 🐾버튼을 누르면 [타임라인] 패널에 생성된 레이어들을 한눈에 볼 수 있습니다.

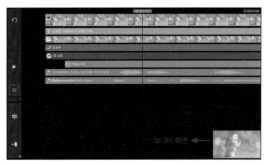

좌측 메뉴의 🔲버튼을 누르면 모니터 화면을 감출 수 있습니다

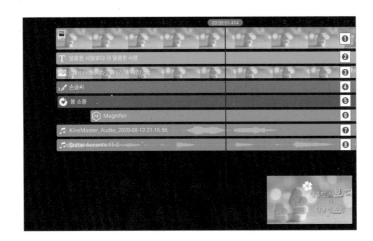

<레이어 순서>

❶ 영상(사진) 클립

❷ 자막

❸ 영상(사진) 클립 레이어 추가

❹ 손글씨

❺ 스티커

❻ 효과

❼ 배경음악

❽ 효과음

효과, 자막, 음악, 스티커 등을 추가하면 [타임라인] 패널에 레이어가 계속 늘어납니다.

스티커 1개가 추가되자 타임라인에 🔁스티커 레이어가 1줄 더 늘어 났습니다.

스티커 3개가 더 추가되자 타임라인에 🔁스티커 레이어가 모두 4줄 이 됐습니다.

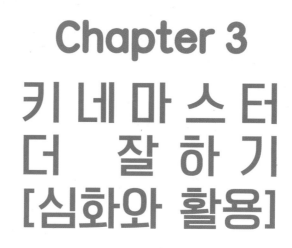

Chapter 3
키네마스터
더 잘하기
[심화와 활용]

CONTENTS

KINEMASTER

01 키네마스터 자막 디자인하기
[레이어 → 텍스트]

[타임라인] 패널의 자막을 클릭하면 [편집 메뉴]에 자막과 관련한 기능이 나타납니다.
이 기능을 활용해서 방송에서 보는 예쁘고 재미있는 자막을 표현해 낼 수 있습니다.

ⓚ 자막 폰트(글씨체) 변경하기

❶ 편집할 영상(사진)을 불러옵니다.

❷ 플레이헤드를 영상(사진) 클립 앞쪽에 놓습니다.

❸ [편집 메뉴] 상단에 있는 [Aa]를 클릭합니다.

❹ 안드로이드, 라틴어, 한국어 등 [에셋 스토어]에서 다운로드 받은 글씨체가 뜹니다.

*[에셋 스토어]에는 더욱 많은 글씨체가 있습니다.

❺ 글씨체가 바뀐 것을 확인할 수 있습니다.

❻ ◉를 눌러 적용합니다.

글씨체에 따라 화면의 느낌도 달라집니다.

Ⓚ 자막 색깔 변경하기

기본 자막은 흰색입니다. 우측 색상 키를 이용해 자막 색깔을 바꿀 수 있습니다.

❶ [타임라인] 패널의 자막클립 또는 모니터의 자막을 클릭합니다.

*변경할 자막이 지정됩니다.

❷ [편집 메뉴]에서 색상키를 클릭합니다.

❸ 변경하고 싶은 색상을 클릭하고, ☑를 눌러 적용합니다.

*원래 색과 바꾸고 싶은 색이 화면에 보입니다.

❹ 자막이 완성되면 ⊙를 눌러 적용합니다.

자막 색깔이 바뀌면 화면의 느낌이 달라집니다.

자막 색깔 팔레트 이해하기

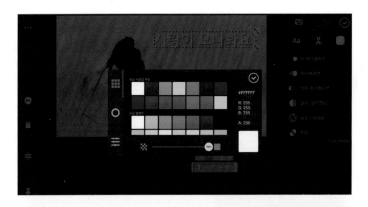

[색상키]를 누르면 창이 하나 더 뜨며 [최근 사용한 색상]과 [표준 팔레트]가 나옵니다.

*[최근 사용한 색상]은 [손글씨] 등에서도 그대로 적용돼서 편리합니다.

좌측 가운데 버튼을 클릭하면 색상표가 나옵니다.

*참고 - 네이버에서 <색상 팔레트>를 검색해서 활용해보세요.

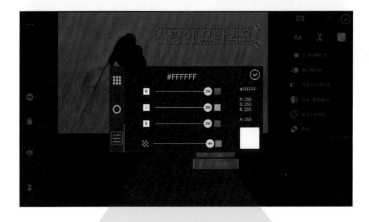

좌측의 마지막 버튼을 클릭하면 RGB를 조절할 수 있는 버튼이 나옵니다.

(RGB : 빨간색(red), 초록색(green), 파랑색(blue)을 함께 부르는 말. 이 세 가지 색은 비디오/영상에서 색을 표현하는 기본 색광으로, 이 세가지 색광의 배합 비율에 따라 영상 장치의 해상도 범위 내에서 다른 모든 색이 조합됩니다)

창 하단의 조절 바로 투명도를 설정할 수 있습니다.

Ⓚ 자막 [인 애니메이션] 사용하기

[인 애니메이션]을 통해 영상(사진)에 자막이 처음 나타날 때 어떻게 발생하게 할지 효과를 지정할 수 있습니다.
*별도로 [인 애니메이션] 효과를 지정하지 않을 경우 효과가 적용되지 않습니다.

❶ 자막을 원하는 위치에 넣습니다.

❷ 자막 [편집 메뉴]에서 [인 애니메이션]을 클릭합니다.

❸ 〈위로 밀기〉 효과를 선택합니다.

❹ 나타나는 시간을 세팅합니다. 저는 1초로 세팅합니다.

❺ 세팅을 끝낸 후 상단의 ❤를 눌러줍니다.

*천천히 발생시키려면 초를 길게 선택하세요.

*영상(사진)의 길이에 따라서 적용할 수 있는 애니메이션의 길이에도 차이가 있습니다.

🔵 자막 [아웃 애니메이션] 사용하기

[아웃 애니메이션]을 통해 영상(사진)에 자막이 없어질 때 어떻게 사라지는지 효과를 지정할 수 있습니다.

❶ 자막을 원하는 위치에 넣습니다.

❷ 자막 [편집 메뉴]에서 [아웃 애니메이션]을 클릭합니다.

❸ 〈왼쪽으로 사라지기〉 효과를 선택합니다.

❹ 사라지는 시간을 1초로 세팅합니다.

❺ 세팅을 끝낸 후 상단의 ✅를 눌러줍니다.

*천천히 발생시키려면 초를 길게 선택하세요.

*자막 길이에 따라 [인/아웃 애니메이션] 효과를 적용할 수 있는 시간에 차이가 있습니다.

자막(기본 : 4.5초)	[인/아웃 애니메이션](기본 : 1초)
1초	0.1 ~ 0.5초
2초	0.1 ~ 1초
4.5초	0.1 ~ 2.3초
6초	0.1 ~ 3초
10초	0.1 ~ 5.2초
15초	0.1 ~ 7.5초

Ⓚ 자막 [애니메이션] 사용하기

[애니메이션]은 자막이 들어가는 동안 지속해서 나타나는 효과입니다.

[인 애니메이션], [아웃 애니메이션] 효과를 지정하지 않았다면 자막이 시작되는 순간부터 [애니메이션] 효과가 나타납니다.

❶ 자막을 원하는 위치에 넣습니다.

❷ 자막 [편집 메뉴]에서 [애니메이션]을 클릭합니다.

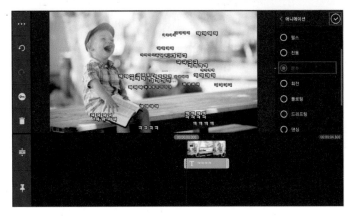

❸ 〈분수〉 효과를 선택해 보겠습니다.

*효과를 클릭하면 좌측 모니터에서 바로 확인이 가능합니다.

❹ 세팅을 끝낸 후 상단의 ✅를 눌러줍니다.

🄚 자막 [알파(불투명도)] 사용하기

기본 [알파(불투명도)]는 100%로 설정되어 있습니다.
불투명도가 100%일 때 글씨가 선명합니다.(숫자가 낮아질수록 글씨가 연하고 투명해집니다.)
배경에 비해 자막이 튈 때 불투명도를 조절하면 영상과 자막이 자연스럽게 어우러집니다.

❶ 자막을 원하는 위치에 넣습니다.

❷ 자막 [편집 메뉴]에서 [알파(불투명도)]를 클릭합니다.

❸ 원하는 불투명도로 조절합니다.

❹ 상단의 ⊘를 눌러줍니다.

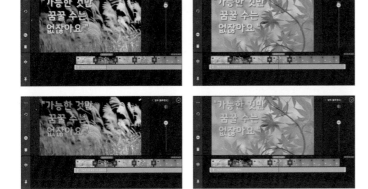

알파(불투명도) 100%

알파(불투명도) 65%

영상(사진) 클립의 자막마다 다른 불투명도를 주는 방법

영상의 효과는 클립별로 적용됩니다. 이때 자막을 같은 글씨체와 디자인, 위치 등을 유지하며 불투명도만 다르게 설정할 수 있습니다. 자막 레이어를 영상 끝까지 가져간 후 바꾸고 싶은 위치에서 자막 분할 후 불투명도를 설정합니다.

❶ [타임라인]을 자르고 싶은 자막 위치에 가져다 놓습니다.

❷ 자막 [편집 메뉴]에 [자르기]를 클릭합니다.

❸ [플레이헤드에서 분할]을 클릭합니다. 자막이 잘린 것을 확인할 수 있습니다. 이와 같은 방법으로 원하는 위치에서 자막을 잘라줍니다.

❹ 자막클립을 클릭 후 자막 [편집 메뉴]의 [알파(불투명도)]에서 원하는 정도로 불투명도를 설정합니다.

Ⓚ 자막 [회전/미러링] 효과 사용하기

[회전/미러링]효과는 자막(글씨)을 앞/뒤(좌우반전 효과) 혹은 위/아래(상하반전 효과)로 뒤집을 수 있습니다.

자막 미러링 효과

❶ 자막을 원하는 위치에 넣습니다.

❷ 자막 [편집 메뉴]에서 [회전/미러링]을 클릭합니다.

❸ 먼저 [미러링]의 〈위/아래〉 반전을 눌러봅니다.

❹ 저는 사진 속 남자의 관점으로, 〈앞/뒤〉 반전을 한번 더 눌러보겠습니다.

자막 회전 효과

❶ 자막을 원하는 위치에 넣습니다.

❷ 자막 [편집 메뉴]에서 [회전/미러링]을 클릭합니다.

❸ [회전] 버튼을 클릭해 자막을 영상(사진) 분위기에 맞게 배치합니다.

Ⓚ 유명 프로그램도 부럽지 않은 자막 [혼합] 기능 사용하기

자막 [혼합] 기능은 자막이 영상과 더욱 잘 어우러지는 효과를 줍니다.
[알파(불투명도)] 효과는 자막이 전반적으로 불투명해지는 반면 [혼합]은 글씨가 투명해집니다.

❶ 자막을 원하는 위치에 넣습니다.

❷ 자막 [편집 메뉴]에서 [혼합]을 클릭합니다.

❸ 불투명도를 조절할 수 있습니다.

*영상(사진) 배경과 글씨 색이 혼합되는 원리입니다. 자주 사용하던 효과라도, 배경이 바뀌었다면 실제 적용해 보는 것이 좋습니다.

[혼합] 기능 적용 예시

자막에 테두리 색을 넣은 후에 [혼합] 효과를 적용하면 더 눈에 띄게 보입니다.

[원본]

[혼합] → [오버레이]

[혼합] → [곱하기]

[혼합] → [소프트라이트]

[혼합] → [하드라이트]

[혼합] → [밝게]

[혼합] → [어둡게]

[혼합] → [색상 번]

[혼합] → [스크린]

Ⓚ 문서 파일 사용하듯 [텍스트 옵션] 사용하기

[텍스트 옵션]은 문서파일에서 제공하는 기본 자간, 줄간 조절 기능과 텍스트 정렬 위치, 밑줄 긋기 기능 등을 제공합니다.

❶ 원하는 자막 내용을 적습니다.

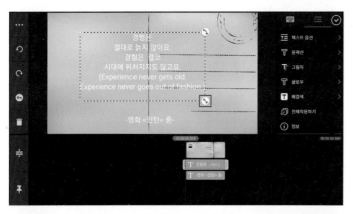

❷ 글씨 크기와 글씨 색깔, 자막 위치 등을 조절합니다.

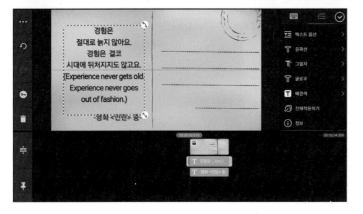

❸ 자막 [편집 메뉴]에서 [텍스트 옵션]을 클릭합니다.

*자막을 움직일 때 나오는 가로줄, 세로줄은 중간이라는 표시입니다.

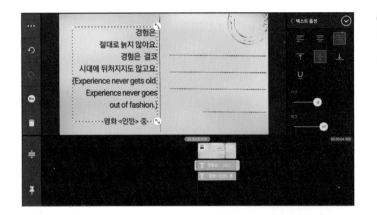

❹ 원하는 대로 [문장 정렬]과 [위치 정렬], [자간], [행간(줄간)]을 조절하면 됩니다.

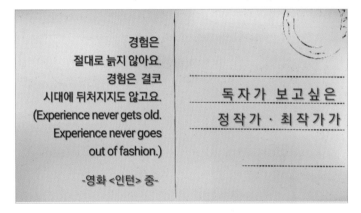

경험은
절대로 늙지 않아요.
경험은 결코
시대에 뒤처지지도 않고요.
(Experience never gets old.
Experience never goes
out of fashion.)

-영화 <인턴> 중-

독자가 보고싶은
정작가 · 최작가가

[텍스트 옵션]에서 [행간(줄간)]을 조절하면 줄 있는 배경에도 예쁜 자막을 이용할 수 있습니다.

경험은 절대로 늙지 않아요. 경험은 결코 시대에 뒤처지지도 않고요. (Experience never gets old. Experience never goes out of fashion.) -영화 <인턴> 중-	경험은 절대로 늙지 않아요. 경험은 결코 시대에 뒤처지지도 않고요. (Experience never gets old. Experience never goes out of fashion.) -영화 <인턴> 중-	경험은 절대로 늙지 않아요. 경험은 결코 시대에 뒤처지지도 않고요. (Experience never gets old. Experience never goes out of fashion.) -영화 <인턴> 중-	경험은 절대로 늙지 않아요. 경험은 결코 시대에 뒤처지지도 않고요. (Experience never gets old. Experience never goes out of fashion.) -영화 <인턴> 중-
좌측정렬	중간정렬	우측정렬	밑줄

Ⓚ 자막 [윤곽선] 사용하기

자막은 복잡한 영상(사진) 위에 나타나는 것이므로, 선명하게 표현되기 위해서 가장 많이 사용하는 것이 [윤곽선]입니다. 대부분의 방송 프로그램 자막에도 윤곽선이 사용된 것을 볼 수 있습니다.

원하는 자막 내용과 색깔을 선택합니다. 옅은 색이라서 자막이 잘 보이지 않습니다.

❶ 자막 [편집 메뉴]에서 [윤곽선]을 클릭합니다.

❷ 윤곽선에서 Enable을 [ON]으로 설정합니다.

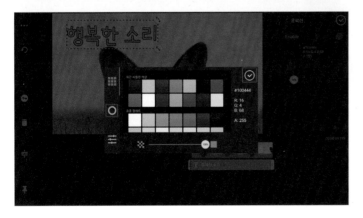

❸ 자막을 잘 보이게 해 줄 진한 색상을 클릭 후 ✔를 눌러줍니다.

*원하는 색상이 [표준 팔레트]에 없다면 아래 ◎를 눌러 색상표에서 색상을 선택합니다.

❹ 윤곽선이 적용된 것을 확인합니다.

❺ 윤곽선의 [두께]를 조절합니다.

❻ ⊘를 눌러 적용합니다.

윤곽선을 적용한 자막 예시

Ⓚ 자막 [그림자] 사용하기

자막에 [그림자]가 생기는 효과입니다.

원하는 자막 내용을 적습니다.

❶ 자막 [편집 메뉴]에서 [그림자]를 클릭합니다.

❷ 그림자에서 Enable을 [ON]으로 설정합니다.

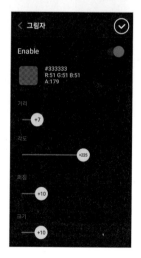

❸ 그림자를 실행 후 그림자 색상과 거리, 각도, 퍼짐, 크기를 선택합니다.

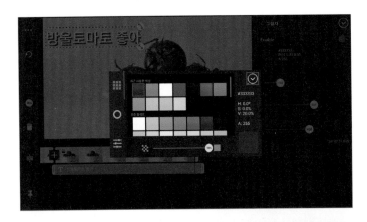

❹ 위에서 색부분을 클릭하면 색을 선택하는 팔레트가 나옵니다. 원하는 그림자의 색을 선택하고, ✅를 눌러줍니다.

*원하는 색상이 [표준 팔레트]에 없다면 아래 ◉를 눌러 색상표에서 색상을 선택합니다.

❺ 그림자가 적용된 것을 확인 후 ✅를 누릅니다.

그림자 색상 선택

색상표에서 자유롭게 [그림자] 색상을 선택할 수 있습니다.

그림자 거리 선택

그림자 거리는 0~50까지 자유롭게 조절할 수 있습니다.(기본은 +10)

그림자 각도 선택 그림자 각도는 360도 회전합니다.

0 ~ 75 : 좌측 상단 그림자 발생

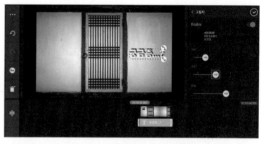

110 ~150 : 우측 상단 그림자 발생

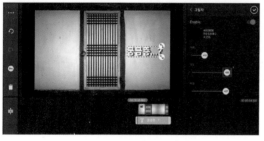

190 ~ 230 : 우측 하단 그림자 발생

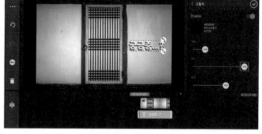

280 ~ 320 : 좌측 하단 그림자 발생

그림자 퍼짐 선택

그림자 퍼짐은 '진하기'라고 생각하면 됩니다. 0에 가까워질수록 그림자가 옅어지고, 50에 가까워질수록 그림자가 진해집니다. (기본은 +10)

그림자 크기 선택

그림자의 크기를 말합니다. 0~50까지 적용 가능하며, 글씨체에 따라서 적절하게 적용하면 됩니다.

*그림자를 활용할 때 [윤곽선]을 활용하면 더욱 선명한 자막 탄생!

자막 [그림자]   자막 [그림자] + [윤곽선]

Ⓚ 자막 [배경색] 사용하기

가장 많이 사용되는 자막 포맷입니다. 영상(사진) 배경이 복잡할 때도 자막의 가독성이 좋습니다. 주로 말자막으로 활용되며, 많은 양의 자막을 넣기에 유용합니다.

❶ 원하는 자막 내용을 적습니다.

❷ 자막 [편집 메뉴]에서 [배경색]을 클릭합니다.

❸ 배경색에서 Enable을 [ON]으로 설정하고, 색버튼을 클릭합니다.

*저는 배경색을 흰색으로 하기 위해 글씨를 검정색으로 설정했습니다.

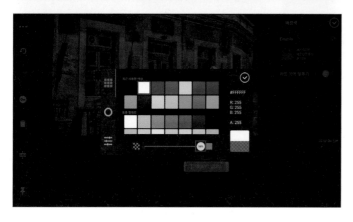

❹ 배경색과 투명도를 설정합니다.

*투명도는 기본 50%로 설정되어 있습니다.

❺ 자막 위치를 지정합니다.(자막을 움직이다 보면 중앙선이 나타납니다.)

[화면 폭에 맞추기]를 클릭하면 배경색이 화면 폭에 맞추어 설정됩니다.

글씨에 맞춘 [배경색]

화면 폭에 맞춘 [배경색]

자연스러운 [배경색] 연출 예시

글씨색 : 검정색

폰트 : 한국어 → 고양체(Goyang)

배경색 : 흰색 / 투명도 85%

*투명도를 살짝 낮추는 것이 더욱 자연
스럽습니다.

ⓚ 자막 버튼 하나로 해결 [전체적용하기]

기존에는 자막 포맷을 맞출 방법이 없어서 일일이 손으로 모두 맞추어야 했습니다. 그런데 이제는 하나의
영상을 편집할 때 원하는 자막 포맷을 설정하고 나서 내용을 적고, 위치를 잡은 후 [전체적용하기] 버튼을
누르면 모든 자막에서 동일하게 적용됩니다.

*원하는 자막만을 골라서 적용시킬 수는 없습니다.

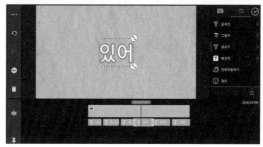

각각 다른 폰트와 효과를 가진 자막이 있습니다.

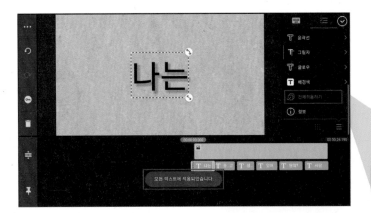

이 중 원하는 자막클립을 클릭 후 자막 [편집 메뉴]에 있는 [전체적용하기]를 클릭합니다.

[모든 텍스트에 적용되었습니다]라는 문구가 뜹니다.

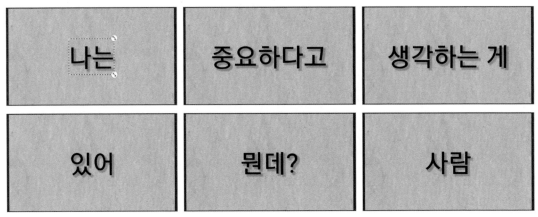

편집하던 영상 자막의 폰트, 크기, 효과, 위치까지 같아진 것을 확인할 수 있습니다.

ⓚ 한 화면에 자막 여러 개 넣기

이제는 한 화면에 자막을 여러 개 넣을 수도 있습니다. 한 화면에 자막이 여러 개 발생할 때는 발생하는 순서에 차이를 두는 것이 대체로 자연스럽습니다. 대부분은 글씨체와 색상이 다릅니다.

여러 개의 자막이 나오는 것은, 레이어가 여러 개 생성됐다는 뜻입니다. [레이어] → [텍스트]의 작업을 여러 번 해야 합니다.

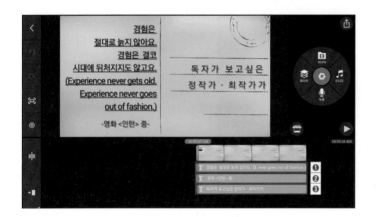

자막 레이어가 3줄이라는 뜻은 쉽게 말해 자막이 3개라는 뜻입니다.

이 경우 1번 자막과 2번 자막은 이어서 적을 수도 있는 내용이었지만 글씨 폰트와 효과를 다르게 주기 위해 다른 레이어로 생성했습니다. 즉 자막을 다시 하나 더 만든 것입니다.

타임라인에 자막이 3개가 있습니다. 한 화면의 같은 시간에 자막이 3개가 발생하고 3개가 동시에 없어지는 것입니다.

이처럼 자막 레이어를 새롭게 만드는 것은 다소 귀찮을 수 있지만, 수정작업을 하거나 다양한 효과를 주는 데 훨씬 용이합니다.

Ⓚ 자막 넣는 시간 줄이는 2가지 꿀팁

긴 영상에 같은 형식의 자막을 넣고 싶을 때 유용한 팁입니다. 자막에 [전체적용하기] 기능은 모든 자막에 해당되기 때문에 자막의 분위기를 바꾸거나 전체적용에서 예외를 둘 수 없는 아쉬움이 있습니다. 앞의 자막 포맷을 그대로 이어서 사용할 수 있는 방법 두 가지를 알려드립니다.

1. 앞의 자막을 뒤까지 길게 늘인 후 내용이 바뀌는 곳에서 자막을 [자르기] 합니다

❶ 편집할 영상(사진) 클립을 부릅니다.

❷ 원하는 자막 포맷을 만듭니다.
(반복적으로 적용할 자막 포맷을 만듭니다)

❸ [자막클립]을 적용하고 싶은 영상의 길이까지 맞추어 늘립니다.

❹ 자막 내용이 바뀌는 곳에서 자막을 자른 후 원하는 내용으로 바꿉니다.

2. 원하는 포맷의 자막을 복사합니다

자막 포맷이 많을 때 원하는 자막 포맷을 복사해서 활용할 수 있습니다. 자막 포맷을 복사해서 활용할 경우 영상전체에 통일성 있게 자막이 들어갑니다.

❶ 편집할 영상(사진) 클립을 부른 후 원하는 자막 포맷을 만듭니다.

상단과 하단으로 각기 다른 두 개의 자막을 만들어 봤습니다.

113

❷ 복사하고 싶은 자막을 클릭 후 왼쪽 상단의 █를 클릭하여 [복사]를 선택합니다.

❸ [타임라인] 패널에 복사된 자막 클립이 생성됩니다. [마늘이 건강에 그렇게 좋대] 자막이 두 개가 된 것을 확인할 수 있습니다.

*복사된 자막클립은 노란색 테두리로 구분할 수 있습니다.

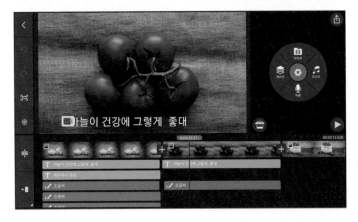

❹ 노란색 테두리를 없앤 후 자막을 길게 누르면 자막클립이 이동합니다.

*노란색 테두리가 있는 상태에서는 자막이 이동되지 않습니다.

같은 자리, 같은 폰트, 효과 등이 적용된 것을 확인할 수 있습니다.

이 같은 방법으로 [텍스트]뿐 아니라 [손글씨], [효과] 등도 [복사] 후 이동시키면 됩니다.

ⓚ [타임라인]에서 클립 이동하기

[타임라인]에는 영상(사진)뿐만 아니라 자막(텍스트), 효과, 스티커, 오디오 등 편집에 필요한 모든 바(bar)가 생성됩니다. 이러한 편집 클립들은 언제든 필요한 위치로 이동이 가능합니다.

❶ 〈파란선〉 자막이 먼저 나오고, 〈노란선〉 자막이 뒤에 나옵니다.

❷ [타임라인]의 〈파란선〉 자막을 2초가량 누른 후 뒤쪽으로 이동시킵니다.

동일한 타임코드를 가진 자막은 2개가 동시에 발생되는 것을 의미합니다.

❸ 〈노란선〉 자막을 2초가량 누른 뒤 앞쪽으로 이동시킵니다.

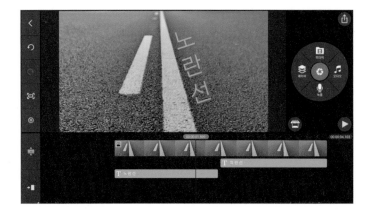

❹ 자막의 위치가 바뀌었습니다.

모니터에서 보이는 자막은 그대로 지만, 발생되는 순서가 바뀐 것을 [타임라인] 패널에서 확인할 수 있 습니다.

ⓚ 자막 잘 만드는 방법

영상에서 자막은 많은 기능을 합니다. 자막에는 정답이 없기 때문에 영상을 만드는 사람에게 가장 어려운 과제이기도 합니다. 영상에 맞는 자막을 넣으려면 자막의 특성에 대해 알아야 합니다.

1. 최근 유행하는 TV 자막이나 마음에 드는 자막은 캡처 떠 놓을 것

막상 자막을 넣으려고 하면 어떤 자막이 좋을지, 어떤 자막이 세련된 자막인지 잘 떠오르지 않습니다. 하지 만 TV에서 보는 수많은 자막은 자막을 만드는 전문 미술팀의 솜씨이므로 그들이 만드는 자막을 모방하는 것만으로도 예쁜 자막을 만들 수 있습니다.

<출처 : tvN '유퀴즈 온더 블럭'>

<출처 : tvN '윤스테이'>

2. 자막은 연출이다

영상의 50%는 자막의 힘이라고 해도 과언이 아닙니다. 특히 유튜브는 소리를 끄고 영상만을 보는 경우가 많기 때문에 화면에서 많은 의미를 전달해야 하는 경우도 있습니다. 또 시청자들은 이미 TV의 영상에서 화려한 자막에 눈높이가 맞추어져 있기 때문에 예쁜 자막을 보면 반응하는 경우가 많습니다. 최근 인기 있는 프로그램의 경우 촬영할 때 미리 자막의 위치를 고려해서 주인공의 위치를 잡기도 합니다. 유튜브 또한 자막의 위치 혹은 색상을 고려해서 촬영을 진행하면 영상의 완성도가 높아집니다.

상황을 묘사하는 <상황자막>

재치있는 이야기, 웃음을 유발할 때 <재미자막>

3. 자막은 캐릭터를 결정한다

우리는 많은 영상에서 자막이 캐릭터를 결정하는 것을 볼 수 있습니다. 출연자가 하는 행동들의 부연설명을 끊임없이 해주거나 별것 아닌 출연자의 행동에 의미를 부여하는 것 역시 자막의 역할입니다.

만약 영상을 만들고 많은 사람이 내가 의도한 방향으로 생각하기를 바란다면 일관된 방향으로 자막을 넣으면 됩니다. 하지만 자막이 방향성 없이 단순히 행동만 묘사한다거나 재미만을 추구한다면 사람들은 금방 지루해하게 됩니다. 자막은 반드시 목적을 갖는다는 사실을 잊지 말아야 합니다.

따뜻한 상황의 <감동자막>

유튜브 내용의 말을 모두 적는 <인터뷰자막>

4. 자막에 이름을 붙이자

자막을 넣기 전에 자신이 생각하는 자막의 목적과 형태 즉 포맷을 미리 생각해두면 편리합니다. 자막의 종류에 따라 이름을 붙이는 것도 좋은 방법입니다.

자신이 정한 포맷의 이름을 정하고, 그 포맷에 쓰인 글씨체, 색상 등을 꼼꼼하게 기록해 놓는 것이 좋습니다. 색상의 경우 색상의 고유 번호를 기록해 두는 것도 좋습니다.

주인공이 등장할 때 나오는 <네임자막>

짧은 말을 옮겨적는 <말자막>

정보를 전달할 때 <정보자막>

슬픔을 표현하는 <우울자막>

생각을 자막으로 표현할 때 <풍선자막>

사람은 안 보이고 목소리만 들린다면 <깔때기자막>

간단한 의성어 의태어들을 표현하는 <꾸밈자막>

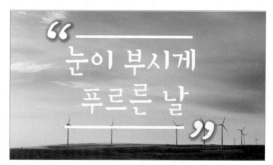

감동을 강조할 때 <따옴표자막>

자막 윤곽선, 그림자, 애니메이션 등에 대해서
더 알고 싶다면 <신선스쿨> 유튜브 채널에서
영상으로 확인해 보세요!

▶ https://youtu.be/38AZdvVGftl

02 손글씨 100배 활용법
[레이어 → 손글씨]

Ⓚ 손글씨 기능 알아보기

손글씨는 내가 직접 글씨를 쓰는 용도 이외에도 많은 기능을 갖고 있습니다. 손글씨를 활용해서 오버레이 기능뿐만 아니라 자막 디자인, 타이틀 제작 등 영상을 더욱 풍부하게 만들 수 있습니다.

먼저 [손글씨] 기능에 대해서 살펴봅니다. [편집 메뉴]에서 [레이어 → 손글씨]를 클릭합니다.

[손글씨]에 들어가면 기본으로 뜨는 화면은 글씨를 작성하는 메뉴입니다. 이때 손글씨 [편집 메뉴] 상단에 붓 그림이 표시되어 있습니다.

우측 버튼을 클릭하면 작성된 글씨에 효과를 주는 메뉴가 나타납니다. 손글씨 [편집 메뉴]는 이렇게 두 가지 화면이 있습니다. 편의상 [실행 메뉴]와 [효과 메뉴]로 설명합니다.

*[효과], [스티커]도 같은 포맷입니다.

실행 메뉴 [손글씨]

효과 메뉴 [손글씨]

Ⓚ 손글씨 [실행 메뉴]

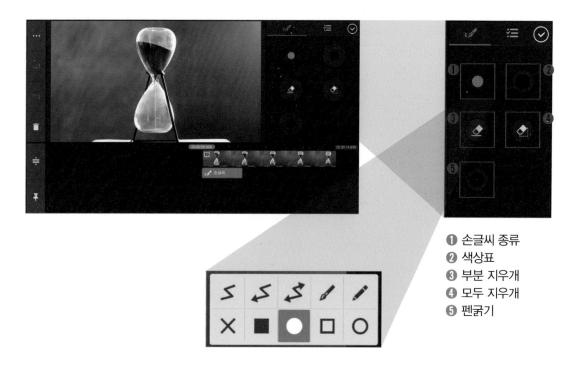

❶ 손글씨 종류
❷ 색상표
❸ 부분 지우개
❹ 모두 지우개
❺ 펜굵기

총 10개의 [손글씨] 종류가 있습니다

❶ 직선 : 영상(사진)에 직선을 긋습니다.

❷ 화살표 : 그으면 화살표가 나타납니다.

❸ 양쪽 화살표 : 그으면 양쪽 화살표가 나타납니다.

❹ 붓 : 번지는 느낌의 붓글씨체입니다.

❺ 펜 : 일반 펜보다는 굵은 글씨체입니다.

❻ X(엑스 표시) : 한 번 그으면 자동으로 엑스가 그려집니다.

❼ 사각형 : 속이 색칠된 사각형입니다. 한 번에 정사각형, 직사각형을 자유롭게 그릴 수 있습니다.

❽ 동그라미 : 속이 색칠된 동그라미입니다. 한 번에 구, 타원을 자유롭게 그릴 수 있습니다.

❾ 사각형 테두리 : 한 번에 정사각형, 직사각형을 자유롭게 그릴 수 있습니다.

❿ 원형 테두리 : 한 번에 구, 타원을 자유롭게 그릴 수 있습니다.

> **TIP** 손글씨 색상 변경
>
> [손글씨]는 그린 후 색상 변경이 불가능하므로, 반드시 시작 전에 색상을 선택한 후 작업해야 합니다.

ⓚ 손글씨 두께 설정

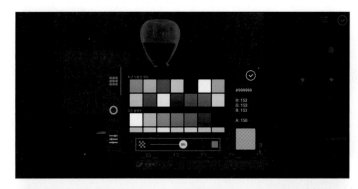

[손글씨] 색상표는 [텍스트]와 동일합니다.

[손글씨] 도형의 불투명도를 잘 활용하면 색다른 느낌의 자막 연출이 가능합니다.

선의 두께를 설정할 수 있습니다.

*지우개 크기도 선의 두께 버튼으로 설정합니다.

ⓚ 손글씨 지우개는 2가지

손글씨 지우개에는 두 가지가 있습니다. 지우고 싶은 부분을 지우는 지우개와 내가 그린 모든 그림을 지우는 지우개입니다. 이때 모든 그림을 지우는 기능은 각 레이어별로 적용됩니다.

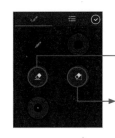

→ 부분 지우개 : 지우고 싶은 부분만 지울 수 있습니다.

→ 모두 지우개 : 현재 레이어에 그려진 손글씨를 모두 지웁니다.

Ⓚ 손글씨 [되돌리기] 이해하기

[손글씨]를 실행시키면 좌측에 [되돌리기] 버튼이 있습니다.

[되돌리기] 버튼을 누르면 바로 전 단계 즉, 모니터에서 손을 떼지 않고 글을 적은 단계로 돌아갑니다.

[손글씨]에 있는 [되돌리기]는 각 레이어별로만 적용 가능합니다.

Ⓚ 손글씨 "레이어 나누고 효과 얻자"

한 화면에 [손글씨]를 활용해 다양한 그림을 그릴 경우 반드시 레이어를 나누어야 합니다. 효과가 레이어별로 적용되기 때문입니다.

[타임라인] 패널에서 [손글씨]가 시작되고 끝나는 시간을 조절하면 다음과 같은 효과를 연출할 수 있습니다.

*플레이헤드의 흐름을 주목하세요.

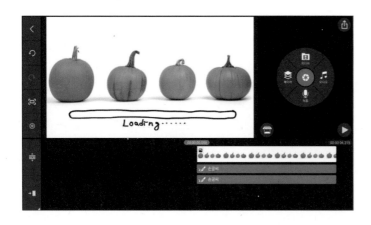

❶ 〈Loading〉이라는 글씨와 기본이 되는 그림을 그렸습니다.

영상이 시작되고 끝날 때까지 계속 나타나 있어야 하기 때문에 영상의 길이에 [손글씨] 길이를 맞춰줍니다.

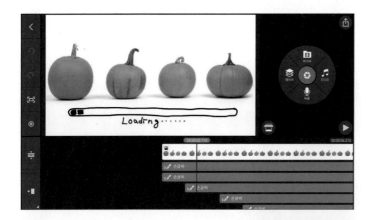

❷ [효과] 적용을 위해서는 레이어를 모두 다르게 해야 합니다.

또 다른 [손글씨]를 생성 후 그림을 채워줍니다.

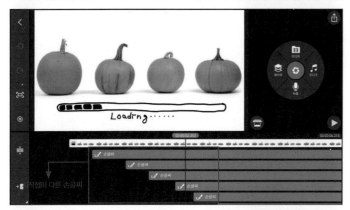

❸ 원하는 만큼 [손글씨]를 생성 후 그림을 그립니다.

[손글씨] 그림의 발생 순서를 정한 후 [타임라인] 패널에서 길이를 조절합니다.

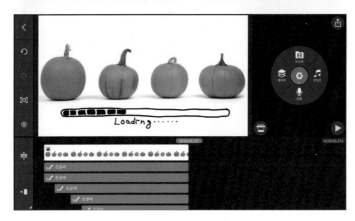

❹ 영상의 흐름에 따라서 자연스럽게 [손글씨]가 발생하는 것을 확인할 수 있습니다.

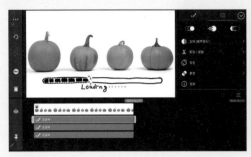 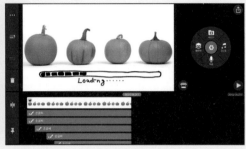

레이어 3개로 만든 자막   레이어 8개로 만든 자막

레이어를 나누면 [손글씨] 효과를 자유롭게 활용할 수 있어 영상이 풍성해집니다.

Ⓚ 손글씨 [효과 메뉴]

효과 메뉴는 [텍스트]와 같은 기능으로 종류는 간단합니다.

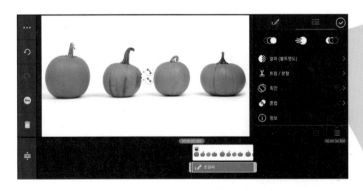 

❶ 인 애니메이션 : 손글씨가 들어갈 때 효과

❷ 애니메이션 : 손글씨가 나타나 있는 효과

❸ 아웃 애니메이션 : 손글씨가 사라지는 효과

❹ 알파(불투명도) : 손글씨 투명도 조절

❺ 트림 / 분할 : 손글씨가 발생하는 시간 조절(타임라인 패널에서 분할)

❻ 회전 : 손글씨 회전

❼ 혼합 : 손글씨 혼합

03 영상을 빛내는 스티커
[레이어 → 스티커]

🅚 [스티커] 적용하기

스티커는 영상(사진)에 생동감을 더해주는 역할을 합니다.

[스티커]는 움직임이 없는 것과 있는 것이 있습니다. 폭죽, 특수효과 등과 같은 [스티커]에는 움직임이 있는 반면 프레임, 말풍선, 라벨 등과 같은 [스티커]에는 움직임이 없습니다.

[스티커]는 특히 영상, 자막 구분하지 않고 자유롭게 사용할 수 있어서 활용도가 높습니다. 다만 영상은 움직이기 때문에 [스티커]를 넣는 위치와 발생하는 시간을 영상에 맞추어 잘 조절해야 합니다. 그렇지 못할 경우, [스티커] 효과가 오히려 영상에 방해가 되는 경우가 발생하기도 합니다.

❶ 편집할 영상(사진)을 불러옵니다.

❷ 플레이헤드를 영상(사진) 클립 앞쪽에 놓습니다.

❸ [레이어 → 스티커]를 클릭합니다.

❹ [스티커]에서 원하는 효과를 선택합니다.

*움직임이 있는 효과의 경우 모니터에 보이지 않는 경우가 있습니다. 플레이헤드를 옮기면 효과가 보입니다.

❺ 원하는 위치로 옮기고 크기를 조절합니다.

❻ ✔버튼을 눌러줍니다.

*타임라인에 적용된 [스티커] 이름이 적혀 있습니다.

TIP

[스티커] 복사하기

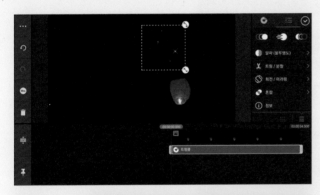

❶ 원하는 [스티커]를 추가합니다.

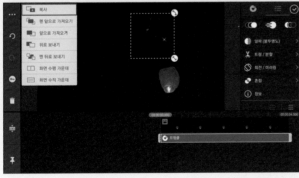

❷ 좌측 상단 •••을 누른 후 [복사]를 누릅니다.

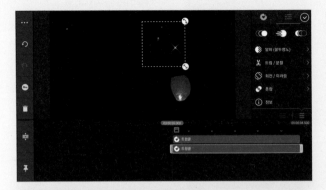

❸ 타임라인에 [스티커]가 생성된 것을 볼 수 있습니다. 하지만 모니터에는 복사된 스티커가 보이지 않는데요, 복사된 스티커는 기존 스티커와 겹쳐있기 때문입니다.

*옮기고 싶은 [스티커]를 클릭 후 사각형을 손으로 이동시켜 주세요.

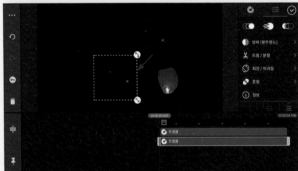

❹ 스티커를 클릭 후 원하는 위치로 옮겨줍니다.

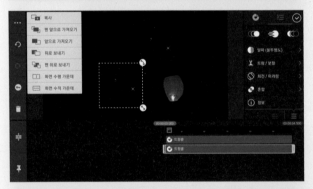

❺ 다시 [타임라인]에서 복사를 원하는 [스티커]를 선택하고 좌측 상단의 ●●●을 누르고 [복사]를 클릭합니다.

❻ ☑버튼을 눌러줍니다.

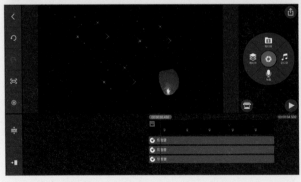

❼ 스티커 효과가 완성되었습니다.

ⓚ [스티커] 적용 시간 조절

[스티커]가 영상에 적용되는 시간을 조절하는 방법은 [자막]이 영상에 적용되는 방법과 같습니다. 두 가지 방법으로 [스티커]가 영상에 적용되는 시간을 조절할 수 있습니다.

첫째, [타임라인]에서 [스티커] 길이를 늘이거나 줄이면 됩니다.

❶ 원하는 [스티커]를 불러옵니다.

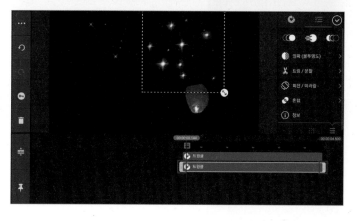

❷ [타임라인]에서 시간 조절을 원하는 [스티커]를 클릭 후 노란 테두리가 생기면, 시작과 끝의 길이를 조절해 줍니다.

둘째, [스티커]를 넣고 싶은 곳에 플레이헤드를 놓고 [스티커]를 불러옵니다.

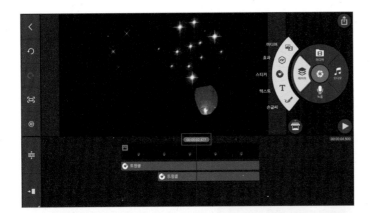

❶ [스티커]를 적용하고 싶은 위치에 플레이헤드를 놓습니다.

❷ [스티커]를 선택합니다.

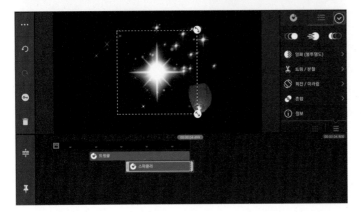

❸ 타임라인에서 [스티커]를 클릭후 뒷부분의 길이를 조절해 주세요.

❹ ✔버튼을 눌러줍니다.

ⓚ [스티커] 삭제하기

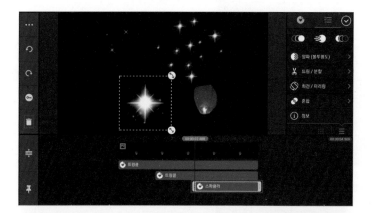

❶ 삭제하고 싶은 [스티커]를 타임 라인에서 클릭합니다.

❷ 좌측에 있는 🗑️버튼을 클릭합니다.

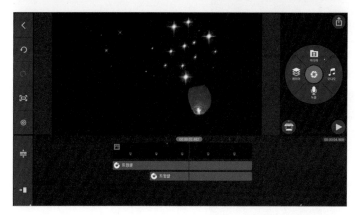

❸ [스티커]가 삭제되었습니다.

ⓚ [스티커] 삭제 없이 수정하기

[스티커]를 클릭하면 [메뉴]가 뜹니다. [스티커]를 바꾸고 싶을 경우 [삭제] 후 새로운 [스티커]를 삽입하면 되지만, 같은 템플릿에서 스티커를 찾을 때는 [수정하기]가 편집 시간을 단축시켜 줍니다.

또, [스티커]의 위치와 크기를 이미 정한 후라면 수정하기를 이용하는 것이 훨씬 편리합니다.

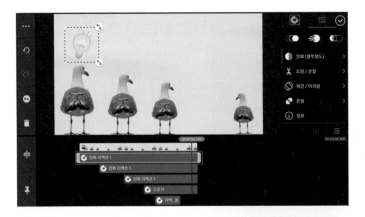

❶ [타임라인]에서 바꾸고 싶은 [스티커]를 클릭합니다.

❷ [스티커] 메뉴를 클릭합니다.

❸ 현재 선택한 [스티커]가 뜹니다.

❹ 바꾸고 싶은 [스티커]를 클릭하면 같은 위치와 같은 크기로 적용됩니다.

❺ ⊘버튼을 눌러서 적용을 완료합니다.

Ⓚ [스티커] 효과 주기

[스티커]를 클릭하면 [메뉴]가 뜹니다.

❶ 효과를 주고 싶은 [스티커]를 클릭합니다.

❷ [알파(불투명도)]를 클릭합니다.

❸ [알파(불투명도)]를 35%로 조절합니다.

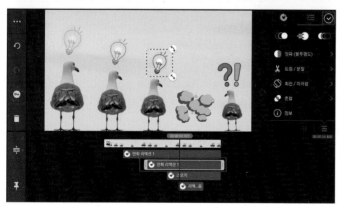

❹ 다른 [스티커]도 선택하여 효과를 적용합니다.

❺ ✅버튼을 눌러서 적용을 완료합니다.

Ⓚ [스티커] 효과 메뉴

[스티커] 효과 메뉴는 [텍스트], [손글씨] 등과 기능이 같으며 종류는 간단합니다.

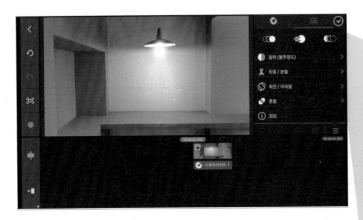
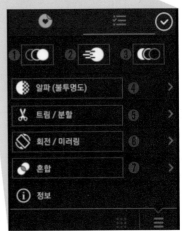

❶ 인 애니메이션 : 스티커가 들어갈 때 효과

❷ 애니메이션 : 스티커가 나타나 있는 효과

❸ 아웃 애니메이션 : 스티커가 사라지는 효과

❹ 알파 (불투명도) : 스티커 투명도 조절

❺ 트림 / 분할 : 스티커가 발생하는 시간 조절(타임라인 패널에서 분할)

❻ 회전 : 스티커 회전

❼ 혼합 : 스티커 혼합

*효과 툴에 대한 자세한 내용은 [3.1 키네마스터 자막 디자인하기] 편을 참조
하시면 됩니다.

ⓚ [스티커] 활용하기 1

[스티커] 적용 전

[스티커] 적용 후

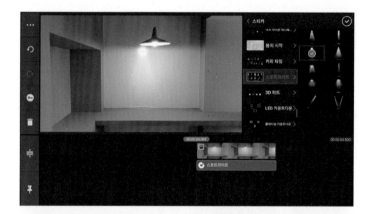

❶ [스티커]에서 〈스포트라이트〉 효과를 클릭합니다.

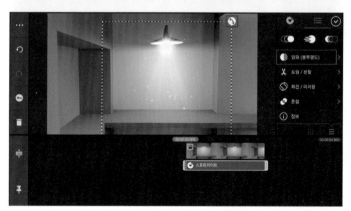

❷ 적용한 효과 크기와 위치를 지정합니다.

❸ 메뉴에서 [알파(불투명도)]를 클릭합니다.

❹ 불투명도를 조절합니다.

*스티커 조명의 불빛이 은은해집니다.

ⓚ [스티커] 활용하기 2

[스티커] 적용 전

[스티커] 적용 후

❶ [스티커]에서 〈안개〉 효과를 클릭합니다.

❷ 영상에 〈안개〉가 적용됐습니다.

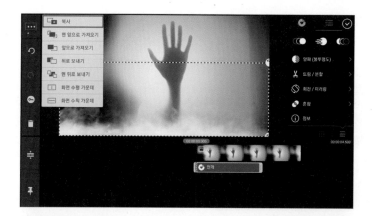

위쪽에도 〈안개〉 효과를 하나 더 넣어주려고 합니다.

❸ 〈안개〉 스티커를 클릭 후 좌측 상단에 있는 ⬤⬤⬤ 버튼을 눌러 [복사]를 선택합니다.

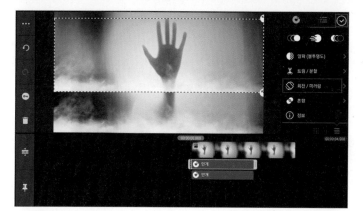

❹ 복사된 [스티커]를 클릭합니다.
(노란색 테두리가 생깁니다)

❺ [메뉴]에서 [회전/미러링]을 클릭합니다.

*설정이 끝난 후 항상 ⬇를 클릭합니다.

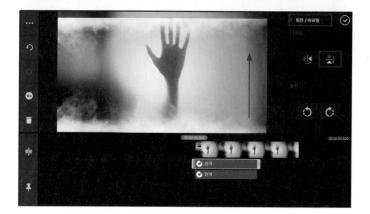

❻ [회전/미러링]의 [상하반전] 효과를 선택합니다.

❼ [스티커]를 원하는 위치에 놓습니다.

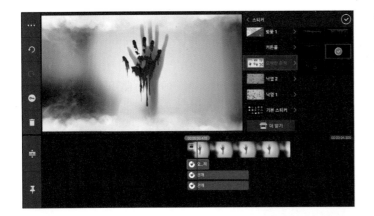

❽ 다른 스티커를 추가해 보겠습니다. [스티커]로 들어가서 〈오싹한 흔적〉을 선택합니다.

❾ 배경과 색상을 맞추기 위해 [메뉴]에서 [알파(불투명도)]를 설정합니다.

❿ 다시 [스티커]에서 〈오싹한 흔적〉 효과를 추가합니다.

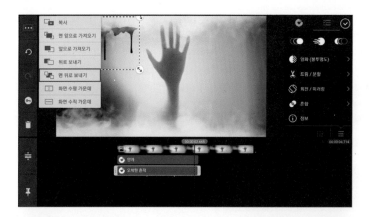

〈오싹한 흔적〉 효과를 〈안개〉 효과
뒤로 보냅니다.

⑪ 스티커 〈오싹한 흔적〉 효과를 선
택하고 좌측 상단의 **⋯**을 클릭합
니다.

⑫ [맨 뒤로 보내기]를 선택합니다.

자막을 추가합니다.

⑬ [편집 툴]에서 [텍스트]를 선택한
후 '오싹한'과 '그녀'라는 글씨를 적
습니다.

⑭ 자막 폰트는 〈흑백사진〉을 활용
했습니다.

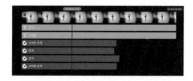

*레이어를 따로 만들어야만 글씨를 다른
곳에 배치할 수 있습니다.

⑮ [색상] 버튼을 눌러서 스티커와
비슷한 검붉은색을 선택합니다.
(표준 팔레트에 있는 #7B1716 색상 사용)

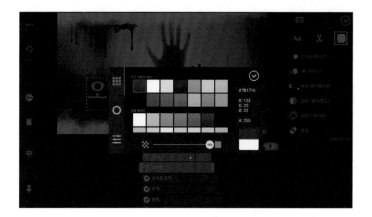

⑯ 자막을 선택하고 좌측 상단에 있는 ●●●을 클릭합니다.

⑰ 자막을 〈안개〉 뒤로 보내기 위해 [맨 뒤로 보내기]를 클릭합니다.

ⓚ [스티커] 활용하기 3

[스티커]는 영상에서 감정을 나타내기도, 자막을 예쁘게 꾸며주는 역할을 하기도 합니다.

[스티커] 적용 전

[스티커] 적용 후

[스티커] 적용 전   [스티커] 적용 후

[스티커]를 활용해서 스토리가 있는 〈말자막〉을 넣습니다.
먼저 편집할 사진 3장을 불러옵니다.

❶ [스티커]에서 〈핸드 드로잉 애니
메이션〉 효과를 클릭합니다.

❷ 효과의 위치와 크기를 조절합니
다.

❸ [타임라인]에서 자막이 나오는
시간도 조절합니다.

[스티커] 효과를 영상의 길이에 맞
추어줍니다.

❹ [편집 툴]에서 [레이어] → [텍스트]로 들어가서 자막을 적습니다.

❺ 폰트는 〈넥슨 메이플스토리〉체를 이용했습니다. 짙은 남색에 옅은 분홍색 윤곽선을 사용했습니다.

*설정이 끝난 후 항상 ☑를 클릭합니다.

❻ 같은 글씨체를 계속 사용하기 위해 [타임라인]에서 자막을 [플레이헤드에서 분할]을 합니다.

*앞에서와 같은 자막 폰트와 위치를 유지하고 싶다면, [타임라인]의 자막을 길게 늘인 후 자르기를 하고, 내용만 바꾸면 자막 꾸미는 시간을 줄일 수 있습니다.

❼ 리액션 모음 [스티커]를 추가합니다.

❽ 그 밖에도 추가하고 싶은 [스티커]를 추가하고, 크기와 위치를 정합니다.

❾ [타임라인]에서 자막과 [스티커]가 발생하는 순서를 정리합니다.

⑩ 다음 장면에도 [스티커]에서 〈리액션 모음〉을 선택합니다.

⑪ 같은 눈물을 하나 더 추가하기 위해 좌측 상단에 있는 █을 누른 후 [복사]를 클릭합니다.

⑫ 원하는 내용의 자막도 추가합니다.

최근 예능 프로그램에서 스티커를 2줄로 겹쳐서 말자막 배경으로 활용하기도 합니다.

⑬ [스티커]의 〈폴라로이드 스티커〉를 추가합니다.

⓮ 말자막의 배경으로 활용하기 위해 같은 스티커도 [복사]합니다. [타임라인]에서 〈폴라로이드 스티커〉를 클릭 후 좌측 상단의 ▪▪▪을 클릭하여 [복사]를 선택합니다. 복사된 스티커의 위치를 지정합니다.

⓯ 말자막을 넣습니다.

⓰ 마지막으로 [스티커]의 〈리액션 모음〉을 추가합니다.

⓱ 스토리에 따라서 효과가 발생하는 시간을 조절합니다.

키네마스터 스티커에 대해서 더 알고 싶다면
〈신선스쿨〉 유튜브 채널에서
영상으로 확인해 보세요!

▶ https://youtu.be/g998YkaClVE

ⓚ 다운로드 받은 [스티커], [텍스트], [효과]를 지우고 싶다면!!!

종종 다운로드 받은 템플릿이 많아서 원하는 효과를 제대로 사용할 수 없는 경우가 있습니다. 처음에는 어떤 것을 많이 사용하게 될지 몰라서 다운로드를 많이 받지만 사용하지 않는 것을 삭제하면 편집시간을 단축할 수 있습니다.

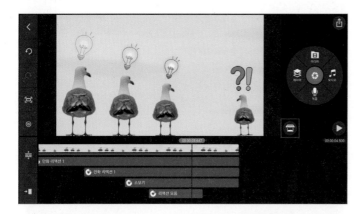

❶ [편집 툴]에 있는 [에셋 스토어]로 들어갑니다.

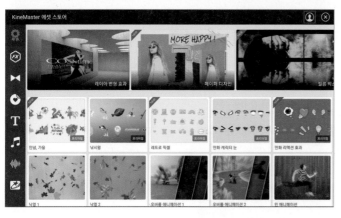

❷ 우측 상단에 있는 👤버튼을 클릭합니다.

❸ 왼쪽 메뉴바에서 자주 사용하지 않는 항목을 선택한 뒤 삭제하면 됩니다.

*언제든지 다시 다운로드받을 수 있습니다.

04 영상에 숨을 불어 넣는다
[레이어 → 효과]

ⓚ [효과] 적용하기

편집 툴의 [레이어 → 효과] 기능을 활용하여 영상을 꾸며봅니다.
우리가 방송에서 가장 많이 본 효과는 바로 [모자이크]입니다.
촬영된 영상(사진)에 또 하나의 특수한 필터를 끼우는 것이라고 생각하면 됩니다.

❶ 편집할 영상(사진)을 불러온 후 플레이헤드를 영상(사진) 클립 앞쪽에 놓습니다.

❷ [레이어]의 [효과]를 클릭합니다.

*플레이헤드는 항상 자신이 필요로 하는 부분에 위치시키면 됩니다. 플레이헤드를 영상 제일 끝에 두고 효과를 적용하는지만 체크하면 됩니다.

❸ [효과]에서 원하는 효과를 선택
합니다.

❹ 영상(사진)과 하단 [타임라인]에
효과가 추가됩니다.

❺ ✅를 누르면 [효과]가 적용됩니
다.

❻ 원하는 위치로 옮기고 크기를
조절합니다.

🕸 [효과] 활용하기

효과를 클릭하면 효과에 적용할 수 있는 [메뉴]가 뜹니다.

효과 [트림/분할](자르기) 메뉴 활용

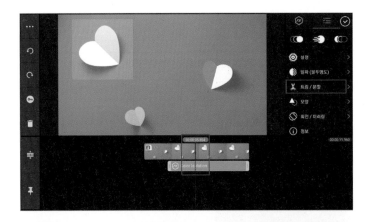

❶ 플레이헤드를 자르고 싶은 위치에 가져다 놓습니다.

❷ [메뉴]의 (가위모양) [트림/분할] 자르기를 클릭합니다.

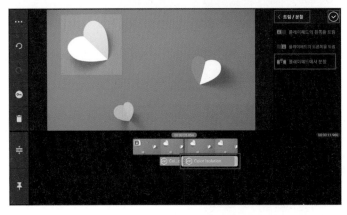

❸ [트림/분할]의 3가지 기능 중 [플레이헤드에서 분할]을 클릭합니다.

❹ ✅를 눌러 적용합니다.

효과 [모양] 메뉴 활용

❶ 효과 중 [타일]을 선택하여 〈Tile Array〉효과를 적용합니다

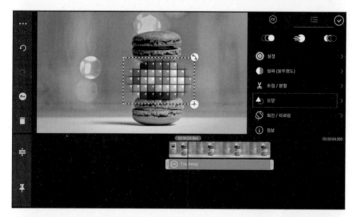

❷ [효과] 적용을 원하는 부분에 효과의 크기를 맞춥니다.

❸ 추가한 타일을 클릭한 후 [모양] 을 선택합니다.

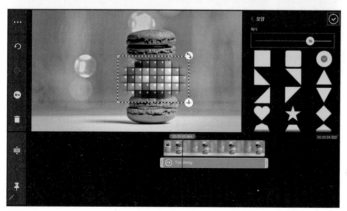

❹ [원] 모양을 클릭합니다.

❺ ☑를 눌러 적용합니다.

효과 [회전/미러링] 메뉴

자유롭게 상하/좌우 반전 또는 회전을 할 수 있습니다.

TIP 효과 크기조절

많은 경우 크기조절은 1:1로 되는 경우가 많습니다. 하지만 키네마스터 [효과]의 경우 크기조절을 자유롭게 할 수 있어서, 다른 편집 프로그램에 비해 보다 편리하게 다양한 효과를 적용할 수 있습니다.

전체 화면에 [효과] 적용

일부분에 [효과] 적용

한 화면에 여러 개의 [효과] 적용

효과 위에 또 다른 [효과] 중복 적용

05 영상클립 편집 메뉴

본격적으로 영상클립에 필요한 편집 메뉴들을 살펴보겠습니다. 다음과 같은 편집 메뉴는 영상을 편집할 때만 생성되는 것으로, 사진을 편집할 때는 보다 간단한 편집 메뉴들이 사용됩니다.

Ⓚ [팬&줌] 적용하기

[팬&줌] 기능입니다. 영상에서 지저분한 배경을 잘라내거나, 카메라 한 대로 촬영한 후 여러 대로 촬영한 느낌을 연출할 수도 있습니다. 또 영상의 필요한 부분을 확대해서 조금 더 입체적이고 재미있는 편집이 가능해집니다.

[팬&줌] 기능은 영상클립, 사진클립 모두 적용 가능한 기능입니다.

영상클립에 [팬& 줌] 적용 예시

사진클립에 [팬& 줌] 적용 예시

❶ 편집할 영상을 불러옵니다.

❷ [타임라인]의 영상클립을 클릭합니다. 클립에 노란색 테두리가 생기고, 영상클립 편집 메뉴가 나타납니다.

❸ [팬&줌]을 클릭합니다.

❹ 〈시작 위치〉와 〈끝 위치〉가 보입니다.

〈시작 위치〉는 영상이 시작될 때 보이는 화면을, 〈끝 위치〉는 영상이 끝날 때 보이는 화면을 말합니다.
*영상은 〈시작 위치〉 화면에서 〈끝 위치〉 화면으로 자연스럽게 이동하며 보여집니다.

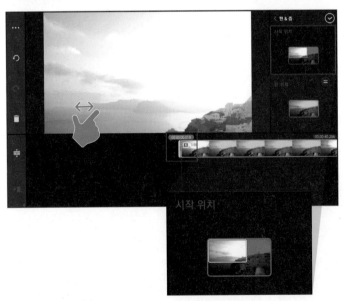

밝은 부분이 화면에서 보이는 부분

❺ [편집 메뉴]에서 〈시작 위치〉를 클릭하면 빨간색 테두리가 생깁니다. 모니터에 보이는 영상 화면에 손가락을 갖다 대고 확대하거나 줄입니다.

시작할 때 보여주고 싶은 화면을 만듭니다. [편집 메뉴]에 밝게 보여지는 부분이 최종적으로 보여지는 부분입니다.

❻ [편집 메뉴]에서 〈끝 위치〉를 클릭하면 역시 빨간색 테두리가 생깁니다.

자동으로 [타임라인]의 플레이헤드도 영상클립의 끝 부분에 위치합니다.

❼ 손가락을 이용해 모니터에서 〈끝 위치〉의 화면을 설정합니다.

❽ ⊙를 눌러 적용합니다.

'시작 위치 = 끝 위치'를 똑같이 하기

만약 〈시작 위치〉 혹은 〈끝 위치〉가 같기를 원한다면 원하는 그림이 세팅된 위치를 누른 후 ⊜를 클릭합니다. 〈시작 위치〉가 〈끝 위치〉의 화면과 같아진 것을 확인할 수 있습니다.

Ⓚ [팬&줌] 활용하기 1

가령 영상(사진)에서 지저분한 배경을 정리해야 하는 상황이 있습니다. 사진이나 영상의 테두리를 잘라내는 기능으로도 활용할 수 있습니다.

[팬&줌] 적용 전 　　　　 [팬&줌]으로 삭제되는 부분 　　　 [팬&줌] 적용 후

❶ 영상(사진)을 불러옵니다.

이 사진의 경우 우측 기둥이 나오고 사물의 센터가 맞지 않습니다.

❷ 영상을 선택 후 [팬&줌]을 클릭합니다.

❸ 시작 버튼을 누른 후 모니터에서 사진의 크기와 위치를 조절합니다.

❹ 세팅이 끝난 후 ●를 눌러 〈시작 위치〉와 〈끝 위치〉를 맞추어줍니다.

*시작부터 끝까지 같은 화면이 나옵니다. 촬영할 때 지저분했던 배경 등을 제거하는 데 효과적입니다.

Ⓚ [팬&줌] 활용하기 2

제품을 촬영할 때도 흔히 활용되는 기능으로 '줌'기능을 활용하여 강조하는 영상을 만들 수 있습니다.

[팬&줌] 적용 전   [팬&줌] 적용 후

❶ 편집할 영상을 불러옵니다.

영상 중간 초콜릿이 튀어 오르는 장면에 [팬&줌] 기능을 사용합니다.

❷ [팬&줌] 기능을 사용할 영상 구간을 잘라줍니다.

*[팬&줌] 기능은 영상클립 전체에 적용됩니다. 영상의 일부분에 기능을 적용하고 싶다면 영상클립을 자른 후 적용하면 됩니다.

❸ [팬&줌] 기능을 적용할 영상클립을 클릭합니다. 노란색 테두리가 생깁니다.

[편집 메뉴]에서 [팬&줌]을 클릭합니다.

❹ 영상클립 〈시작 위치〉에서 [팬&줌] 기능을 적용할 화면을 완성 후 ⬤를 눌러 〈끝 위치〉도 맞추겠습니다.

❺ 뒷부분 영상에도 한 번 더 [팬&줌] 기능을 적용해 보겠습니다.

❻ [팬&줌] 기능을 적용할 부분만큼 영상을 자릅니다.

❼ 이번에도 〈시작 위치〉를 지정 후 〈끝 위치〉와 똑같이 설정해 보겠습니다.

❽ ⬇를 눌러 적용합니다.

키네마스터 팬&줌에 대해서 더 알고 싶다면 〈신선스쿨〉 유튜브 채널에서 영상으로 확인해 보세요!

▶ https://youtu.be/MPZFmSVIxQo

Chapter 3

ⓚ [속도] 조절 기능 적용하기

촬영된 영상의 빠르기를 조절할 수 있습니다. 해가 뜨는 장면, 꽃이 피는 장면 등을 촬영할 때 전문가들은 [하이퍼랩스]라는 기능을 이용합니다. 또는 독수리가 순식간에 먹이를 낚아채듯, 너무 빨리 지나가서 미처 알아보기 힘든 영상을 느리게 재생시키는 방법도 있습니다. 이제 일반 카메라로 촬영하고도 편집하는 과정에서 특수 촬영 기법을 구현할 수 있습니다. 하이퍼랩스(Hyper Lapse)는 카메라를 이동하며 촬영한 뒤 시간을 압축해서 빠르게 보여주는 기법입니다.

최대 느리게 : 0.125배속
1분짜리 영상 → 7분 41초로 증가

최대 빠르게 : 16배속
1분짜리 영상 → 3.7초로 단축

[편집 메뉴] 속도 버튼 조절

영상을 느리게

영상을 빠르게

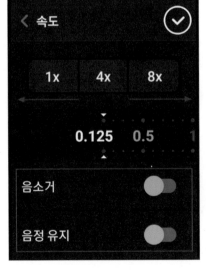

영상 자체 소리 [음소거]

영상 자체 소리 [음정 유지]

*내보내기를 한 후 정확하게 적용됩니다.

❶ 편집할 영상을 불러옵니다.

❷ [타임라인]의 영상클립을 클릭합니다. 클립에 노란색 테두리가 생기고, 영상클립 편집 메뉴가 나타납니다.

❸ 편집 메뉴에서 [속도]를 클릭합니다.

❹ 4배속과 8배속 버튼을 클릭합니다. 다른 속도를 원할 경우 다이얼 속도를 조절합니다.

*원래 배속으로 돌아가고 싶을 경우 1× 버튼을 클릭합니다.

❺ 영상의 [속도]를 조절할 경우 영상 최종 시간이 달라집니다. 영상 최종 시간은 [타임라인] 패널 우측에 나옵니다.

❻ ✅를 눌러 적용합니다.

*영상 속도 조절은 자막, 효과 등을 적용하기 전에 결정해야 합니다.

TIP | 음정유지 기능

키네마스터는 앱이라고는 믿기지 않을 만큼 다양하고 세밀한 기능들이 장착되어 있습니다. 일반적으로 영상을 빨리 감거나 느리게 할 경우 영상소스에 있는 소리는 무너집니다. 빨리 감기를 할 경우 정확한 말을 알아듣기 어렵습니다.

그런데 키네마스터의 [음정유지] 기능을 사용할 경우 기본적으로 음성이 영상과 함께 빨라지지만 일정 부분 말을 알아들을 수 있습니다.

최종 적용에 대해서는 [내보내기] 후 확인하는 것이 정확합니다.

ⓚ [리버스] 기능으로 영상을 반대로 감아 볼까요?

'뒤바꾸다, 역전시키다'의 뜻을 가진 리버스(reverse)는 필름을 되감는 효과를 연출할 때 사용합니다. 보통 자연 다큐멘터리나 시간의 흐름을 거슬러 올라가서 과거를 보여줄 때 사용됩니다. 그 밖에도 짧은 동작을 연속으로 나타낼 때도 유용하게 활용되는 기능입니다.

❶ 편집할 영상을 불러옵니다.

❷ [타임라인]의 영상클립을 클릭합니다. 클립에 노란색 테두리가 생기고, 영상클립 편집 메뉴가 나타납니다.

❸ [편집 메뉴]에서 [리버스]를 클릭합니다.

❹ 리버스(되감기)할 구간을 선택합니다. 두 번째 잔에 커피가 내려오는 부분의 영상을 [리버스]해 보겠습니다.

*길이가 긴 영상이라면 [리버스] 적용할 구간을 정한 후 영상을 잘라줍니다.

13초에서 21초 사이의 영상클립에 [리버스]를 적용합니다. [리버스]하기 전 영상을 보면 13초 부분에서는 빈 컵입니다.

영상의 21초에는 커피가 차 있습니다.

❺ 영상클립을 클릭 후 노란색 테두리가 생기면 [편집 메뉴]에서 [리버스]를 누릅니다.

[리버스] 버튼을 누른 후부터 타임머신을 탄 것처럼 시간이 거꾸로 흐릅니다.

*영상의 길이, 크기에 따라서 리버스 시간은 차이가 납니다.

리버스가 적용된 영상을 보겠습니다. 원래 영상과는 반대로 영상의 13초에는 커피가 차 있습니다.

영상의 21초에는 빈 컵입니다.

[리버스]가 잘 적용되었습니다.

❻ ✅를 눌러 적용합니다.

TIP ¦ 갤러리 [Reversed] 폴더 생성

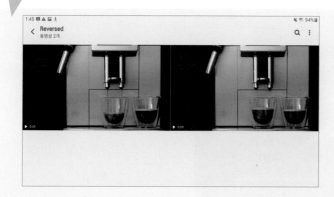

편집 중 [리버스] 기능을 사용하면 [갤러리]에 별도의 [Reversed] 폴더가 생성되고, [리버스] 적용되기 전 파일과 적용된 후 파일이 자동으로 저장됩니다.

ⓚ [회전/미러링] 적용하기

[회전/미러링] 기능은 많이 활용하는 기능은 아니지만 의도적인 연출을 할 때 유용하게 활용됩니다.

❶ 편집할 영상을 불러옵니다.

❷ [타임라인]의 영상클립을 클릭합니다. 클립에 노란색 테두리가 생기고, 영상클립 편집 메뉴가 나타납니다.

❸ [편집 메뉴]에서 [회전/미러링]을 클릭합니다.

❹ [미러링] 중에서 좌우 반전/상하 반전과 우측/좌측, [회전]에서 원하는 효과를 클릭합니다.

❺ ⊙를 눌러 적용합니다.

ⓚ [회전/미러링] 활용하기

[회전/미러링] 효과와 [장면전환] 효과를 활용하여 배가 뒤집히는 장면을 연출해 보겠습니다.

❶ 편집할 영상을 불러옵니다.

❷ [회전/미러링] 기능을 사용할 영상 구간을 먼저 잘라줍니다.

❸ 적용할 영상클립을 클릭 후 [편집 메뉴]에서 [회전/미러링]을 클릭합니다.

❹ [미러링]에서 상하 반전을 선택합니다.

❺ 가운데 영상만 상하 반전된 것을 확인할 수 있습니다.

❻ [미러링] 기능이 적용된 영상 앞뒤로 [장면전환] 효과를 삽입할 수 있는 ➕버튼을 활용해서 효과를 줍니다.

❼ 두 곳 모두 [장면전환]의 〈블라인드 라이트〉에서 우측으로 돌아가는 효과를 적용합니다.

❽ ✅를 눌러 적용합니다.

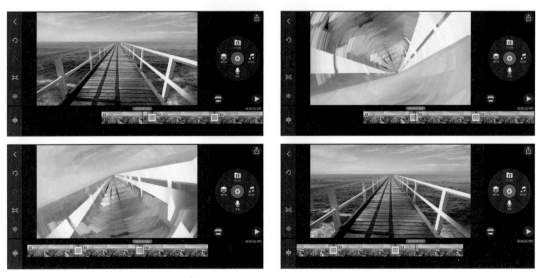

※ 배가 파도 때문에 거꾸로 한 바퀴 도는 듯한 느낌을 연출할 수 있습니다.

🄚 [필터] 적용하기

필터를 사용하면 영상이 새로운 느낌으로 재탄생됩니다.

촬영할 때 어둡게 찍히거나, 촬영 후 다른 느낌의 연출을 원한다면 필터를 통해 수정이 가능합니다.

[필터] 기능은 사진과 영상 소스 모두 적용 가능합니다.

[필터] 적용 전

[필터] 적용 후

❶ [타임라인]의 영상클립을 클릭합니다. 클립에 노란색 테두리가 생기고, 영상클립 편집 메뉴가 나타납니다.

❷ [편집 메뉴]에서 [필터]를 클릭합니다.

❸ 영상 분위기에 맞는 필터를 눌러 봅니다.

*필터를 누르면 모니터에서 바로 확인 가능합니다.

❹ 필터 적용 정도를 선택할 수 있
습니다.

❺ ⊙를 눌러 적용합니다.

[필터] 전체적용하기

전체적으로 영상의 색감을 통일해야 할 때 유용합니다.

❶ 편집할 영상을 추가로 불러옵니
다.

❷ 필터가 적용된 영상클립을 클릭
합니다.

❸ [편집 메뉴]에서 [필터]를 클릭합
니다.

❹ [편집 메뉴] 하단에 [전체적용하
기] 버튼을 클릭합니다.

❺ 다른 영상클립에도 앞과 똑같은 [필터]가 적용된 것을 볼 수 있습니다.

ⓚ [비네트] 적용하기

화면 가운데는 밝고 테두리 방향으로 나갈수록 화면이 어두워지는 효과입니다.
꿈, 회상장면 등에 활용됩니다.

❶ 편집할 영상을 불러옵니다.
❷ 영상클립을 클릭합니다.

❸ [편집 메뉴]에서 [비네트]를 적용합니다.

Ⓚ [클립 그래픽] 적용하기

[클립 그래픽]은 쉽게 말해 편집할 때 편리한 '완성된 툴'로서 복합적인 기능을 합니다.

1. 타이틀 영상을 만들고 싶을 때 활용하면 좋습니다.
2. 영상의 특색을 찾기 어려울 때 도움이 됩니다.
3. 영상에 고급 효과, 필터를 적용하고 싶을 때 활용하면 좋습니다.

❶ 편집할 영상을 불러옵니다.

❷ [타임라인]의 영상클립을 클릭합니다. 클립에 노란색 테두리가 생기고, 영상클립 편집 메뉴가 나타납니다.

❸ [편집 메뉴]에서 [클립 그래픽]을 클릭합니다.

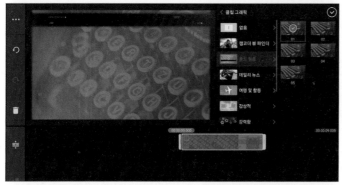

❹ 〈올드 필름〉의 〈01〉을 선택합니다.

*[클립 그래픽]은 별도의 레이어가 생성되지 않습니다. [타임라인] 영상클립 위에 효과가 겹쳐서 발생합니다.

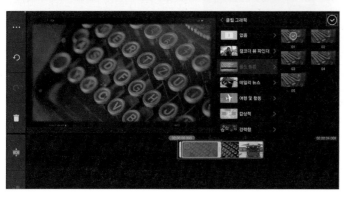

❺ [타임라인]에서 영상클립 위에 노란색 테두리로 표시된 [클립 그래픽]의 적용 시간을 조절합니다.

❻ ✔를 눌러 적용합니다.

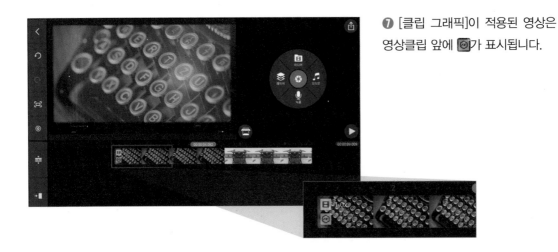

❼ [클립 그래픽]이 적용된 영상은
영상클립 앞에 🔲가 표시됩니다.

[클립 그래픽] 제거하기

❶ [영상클립]을 클릭하고 [클립 그
래픽]으로 들어가면 현재 적용된 효
과가 뜹니다.

❷ [클립 그래픽] 메뉴 제일 상단에
[없음]을 누르면 [클립 그래픽]이 제
거됩니다.

❸ ✅를 눌러 적용합니다.

*제거 여부는 [타임라인] 영상클립 앞쪽
에서 🔲 삭제 여부를 확인하세요.

Ⓚ [클립 그래픽] 활용하기

[클립 그래픽]을 활용해서 간단한 영상 타이틀을 만들어 봅니다.

[클립 그래픽] 적용 전

[클립 그래픽] 적용 후

❶ 편집할 영상을 불러옵니다.

❷ [클립 그래픽]을 클릭한 후 〈데일리 뉴스〉의 〈05〉를 선택합니다.

❸ [타임라인] 영상클립에서 [클립 그래픽] 적용 시간을 설정해줍니다.

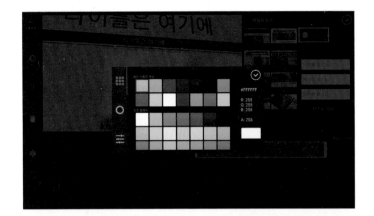

❹ [색상]을 클릭해서 바탕색과 중간에 들어가는 배경색을 설정합니다. 제일 아래 〈텍스트 색상〉도 설정합니다.

❺ 빈 칸에 〈타이틀〉을 적습니다.
❻ ✔를 눌러 적용합니다.

키네마스터 클립 그래픽의 예시를 보고 싶다면
유튜브에서 영상으로 확인해 보세요!

▶ https://youtu.be/PXUyBAI7e_0

06 오디오 기능 1

키네마스터에서 알아야 할 오디오 기능은 크게 세 가지입니다.

1. 영상클립 자체에 있는 오디오를 조절하는 기능
2. (음악/효과음)을 추가한 오디오
3. 녹음 기능

다음의 다양한 오디오 편집 메뉴의 기능들을 살펴보면서 이 세 가지 방법을 천천히 알아봅니다.

ⓚ [믹서]

영상클립 [편집 메뉴]를 클릭하면 스피커 모양의 [믹서] 버튼이 나타납니다.

❶ 편집할 영상을 불러옵니다.

❷ [타임라인]의 영상클립을 클릭합니다. 클립에 노란색 테두리가 생기고, 영상클립 편집 메뉴가 나타납니다.

❸ [편집 메뉴]에서 [믹서]를 클릭합니다.

❹ 믹서의 다양한 기능이 나타납니다.

믹서의 다양한 기능

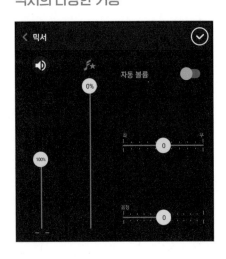

영상 전체 오디오 조절 : 타임라인 패널에 클릭된 영상 오디오의 전체 볼륨을 조절할 수 있습니다.

덕킹 – 일정 구간 줄이기 : (***뒤에서 자세히 설명) 지정된 배경음악의 볼륨을 덕킹을 설정해 놓은 구간에서 낮게 조절할 수 있습니다.

자동 볼륨 : 하나의 영상에서 볼륨 차이가 심할 때 볼륨을 일정하게 잡아줍니다. 주변 소음이 많이 들어간 경우 메인이 되는 소리를 정확하게 들리게 해줍니다.

좌/우 볼륨 조절 : 영상 소스 오디오의 좌/우 볼륨을 조절할 수 있습니다.

음정 : 영상 소스 오디오의 음정을 조절합니다. 숫자가 높아질수록 음정이 높아지고, 숫자가 마이너스로 갈수록 음정이 낮아집니다. 음성 변조의 기능 대신으로도 사용할 수 있습니다.

ⓚ [EQ]

[EQ(Equalizer)] 이퀄라이저는 적용하는 음향의 특징을 살려주는 역할을 합니다.

❶ [타임라인]의 영상클립을 클릭하면 [편집 메뉴]가 나옵니다.

❷ EQ를 클릭합니다.

❸ 기본으로 세팅되어 있습니다.

힙합, 재즈, 라디오 등 자신이 원하는 효과를 클릭합니다.

❹ 적용된 소리를 들은 후 선택합니다.

❺ ✔를 눌러 적용합니다.

ⓚ [상세 볼륨]

사실 우리는 크게 인지하지 못하지만 대부분의 영상에는 음악, 효과음이 깔려 있습니다. 음악과 효과음 그리고 현장음이 절묘하게 조화를 이루기 때문에 그러한 소리들이 불편하게 들리지 않는 것이죠. 이처럼 영상에서 오디오 볼륨조절은 매우 중요합니다.

[상세 볼륨]은 키네마스터가 가진 놀라운 장점이 돋보이는 기능입니다. 이 기능을 통해 소리를 원하는 구간에서 원하는 크기로 조절할 수 있습니다.

❶ [타임라인]의 영상클립을 클릭하면 [편집 메뉴]가 나옵니다.

❷ [상세 볼륨]을 클릭합니다.

❸ [상세 볼륨]을 클릭하면 영상클립 가운데 오디오 조절선이 생깁니다.

❹ 오디오 볼륨을 조절할 위치에 플레이헤드를 놓고 [메뉴]에 있는 상세 볼륨을 조절합니다. 볼륨이 적용된 곳에는 동그란 포인트가 생깁니다.

❺ ⊙를 눌러 적용합니다.

[상세 볼륨] 버튼 설명

볼륨 조절을 원하는 곳에 플레이헤드를 놓고 버튼을 누르면 [상세 볼륨] 포인트가 생깁니다.

* ◼▶ , ◀◼ 를 누르면 포인트 지점을 편하게 이동할 수 있습니다.

[상세 볼륨] 제거하기 ⟨◦⟩

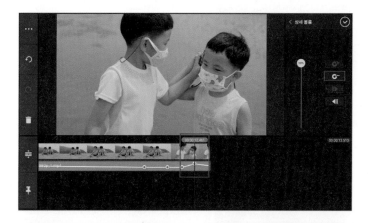

*이해를 돕기 위해 추출한 오디오 파일에 적용합니다.

❶ [상세 볼륨]을 없애고 싶은 포인트에 플레이헤드를 놓습니다.

⟨◦⟩ 버튼이 활성화됩니다.

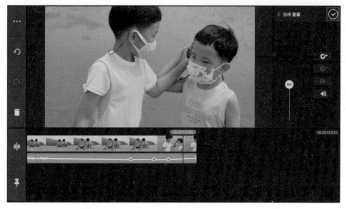

❷ ⟨◦⟩ 버튼을 누르면 지정됐던 [상세 볼륨] 포인트가 사라집니다.

❸ ⟨✓⟩를 눌러 적용합니다.

[상세 볼륨] 이동하기

◀‖ (왼쪽) 버튼을 누르면 [상세 볼륨] 좌측 포인트로 이동합니다.

‖▶ (오른쪽) 버튼을 누르면 [상세 볼륨] 우측 포인트로 이동합니다.

[상세 볼륨] 간격

영상클립 1초에 [상세 볼륨]을 적용해 보았습니다.

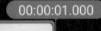

영상클립을 더 확대해서 편집한다면 0.01초 간격으로도 볼륨 조절이 가능합니다.

Ⓚ [잔향효과]

영상 오디오에 동굴, 목욕탕 등 특정 장소가 가지는 울림 효과를 줄 수 있습니다.
타임라인 패널에 있는 영상 소스를 클릭하고 [편집 툴]에 있는 [잔향효과]를 클릭합니다.
예를 들어 〈동굴〉 효과는 동굴에서 이야기하는 듯한 울림 효과를 주는 것입니다.

❶ [타임라인]의 영상클립을 클릭하면 [편집 메뉴]가 나옵니다.
❷ [잔향효과]를 클릭합니다.

❸ 원하는 효과를 클릭합니다.
❹ 효과를 클릭하면 적용된 소리를 바로 들을 수 있습니다.
❺ 선택 후 ⊙를 눌러 적용합니다.

잔향효과를 없애고 싶다면?
[편집 메뉴]로 들어가서 [잔향효과]를 클릭한 다음 〈Normal〉을 선택합니다.

Ⓚ [음성 변조]

시사프로그램에서 많이 사용되는 효과로 기존 음성을 바꾸는 기능입니다. 유튜브에서 재미있는 소리나 1인 다역, 캐릭터 목소리를 낼 때 자주 사용되곤 합니다.

❶ [타임라인]의 영상클립을 클릭하면 [편집 메뉴]가 나옵니다.

❷ [음성 변조]를 클릭합니다.

❸ 원하는 효과를 클릭합니다.

❹ 효과를 클릭하면 적용된 소리를 바로 들을 수 있습니다.

❺ 선택 후 ✓를 눌러 적용합니다.

*[믹서] 기능에서 [음정]을 조절하는 것으로도 간단한 '음성변조' 효과를 볼 수 있습니다.

ⓚ [오디오 추출]

키네마스터의 놀라운 기능 중 하나는 동영상에 있는 오디오를 따로 분리할 수 있다는 것입니다.
영상의 오디오가 하나의 레이어로 분리되다 보니 디테일한 편집과 싱크 맞추기가 편리합니다.
또, 하나의 오디오에 여러 개의 화면을 넣어 편집하기도 훨씬 편리합니다.

❶ [타임라인]의 영상클립을 클릭하면 [편집 메뉴]가 나옵니다.

❷ [오디오 추출]을 클릭합니다.

❸ [타임라인]에 초록색 라인의 [오디오] 클립이 바로 생성됩니다.

오디오를 추출해도 영상 자체에 있는 오디오가 삭제되지 않습니다. 다만 자동으로 음소거 상태가 됩니다.

[오디오 추출] 후 영상클립에 음소거 표시가 생겼습니다. 영상 자체에 오디오는 그대로 남아있습니다.

07 오디오 기능 2

ⓚ [오디오 브라우저] 음악/효과음 추가하기

키네마스터에는 많은 음악과 효과음이 제공됩니다.
메인 [편집 툴]에서 [오디오 브라우저]를 통해 음악과 효과음을 활용할 수 있습니다.

오디오 브라우저 음악

❶ [타임라인]의 플레이헤드를 원하는 곳에 위치시킵니다.

❷ 메인 [편집 툴]에서 [오디오 브라우저]를 클릭합니다.

❸ 왼쪽에서 [음악]을 클릭합니다.

❹ 음악은 알파벳 순서대로 정렬되어 있습니다.

(우측에 음악 길이도 확인할 수 있습니다)

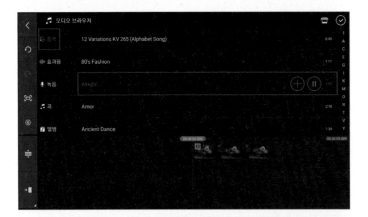

❺ 음악의 제목을 클릭하면 바로 음악이 플레이됩니다.

❻ ➕버튼을 누르면 [타임라인]에 음악이 추가됩니다.

❼ ✅를 눌러 적용합니다.

TIP

왜 음악이 나오다 끊기죠?

이런 경우 편집하려는 영상클립보다 음악이 긴 경우입니다.

음악, 자막, 스티커, 효과 등은 영상클립의 길이까지만 발생합니다.

오디오 브라우저 효과음

효과음 종류와 세부소리로 나뉘어 있습니다.

오디오 브라우저 녹음

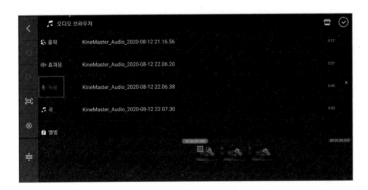

키네마스터는 [녹음] 기능이 있습니다.

키네마스터 녹음 기능을 이용해서 녹음할 경우 [오디오 브라우저]에서 [녹음] 파일을 찾을 수 있습니다.

오디오 브라우저 곡/앨범

내 스마트폰에 저장되어 있는 노래가 뜹니다.

*기존에 가지고 있는 음악을 사용할 경우 저작권의 사용범위를 확인 후 사용해야 합니다.

🄚 [녹음] 하기

키네마스터에서는 영상의 길이에 맞추어 [녹음]할 수 있습니다.

❶ 녹음을 원하는 위치에 플레이헤드를 놓습니다.

❷ 메뉴에 있는 [녹음] 버튼을 클릭합니다.

❸ [시작] 버튼을 누른 후 녹음합니다.

❹ 녹음이 끝나면 [정지] 버튼을 누릅니다.

❺ [타임라인]에 보라색 [녹음] 레이어가 생성됐습니다.

초록색 레이어 : 음악/효과음/영상 자체 오디오

보라색 레이어 : 녹음 오디오

🎤 녹음 [다시/추가] 하기

녹음이 마음에 들지 않을 경우 [다시 녹음] 버튼을 누르고 녹음할 수 있습니다.

다만 기존의 녹음 위에 새로운 [녹음]이 저장되므로, 만약의 경우를 위해 녹음을 삭제하지 않고 추가 녹음하는 것을 권합니다.

기존 녹음을 유지하고 싶다면 타임라인에서 위치를 변경하여 추가적으로 녹음합니다.

그런 후 기존 것과 새로 녹음된 것을 서로 비교하여 결정하는 것이 좋습니다.

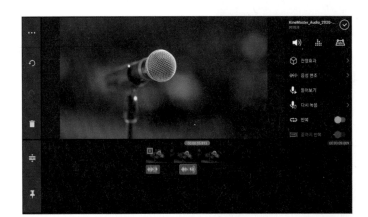

[추가 녹음]하기

혹시 모르기 때문에 기존의 녹음은 살려두고, 플레이헤드를 뒤로 옮겨 다시 녹음하는 것이 좋습니다.

*어차피 [타임라인]의 녹음 파일은 원하는 곳으로 이동이 가능하기 때문에 녹음 파일을 하나 더 만든다고 생각하면 됩니다.

녹음 후 [편집 메뉴]에 [다시 녹음]이 나옵니다.

[다시 녹음]하기 버튼을 누르면 조금 전 했던 녹음파일 위에 덮어 씌어서 녹음됩니다. (새 파일로 대체됩니다)

🅚 오디오 [덕킹] 하기

[덕킹(Ducking)]은 '물속에 들어감', '머리를 갑자기 숙임' 등의 뜻을 가지고 있습니다.
오리가 물에 잠긴다는 뜻으로, 오디오가 물에 잠긴 오리 소리처럼 줄어든다는 의미입니다.
[덕킹]을 설정한 일정 구간에서는 지정된 배경음악의 볼륨이 자동으로 줄어듭니다.

❶ 편집할 영상을 불러옵니다.

❷ 배경음악을 불러옵니다.

❸ 배경음악이 작아지고 본래 영상의 오디오가 잘 들리면 좋은 구간을 정하고 영상클립을 자릅니다. 저는 햄스터가 노래 부르는 영상클립에 [덕킹]을 적용하려고 합니다.

*영상클립의 오디오를 크게 듣는 구간을 선택하는 것입니다.

❹ [타임라인]에서 오디오를 클릭합니다.

❺ 오디오 [편집 메뉴]가 나오면 [덕킹]을 클릭합니다. 덕킹이 적용되면 오디오클립이 초록색에서 회색으로 변합니다.

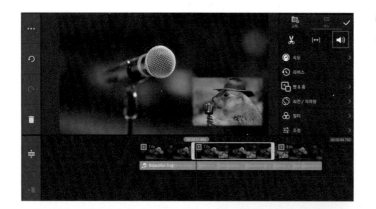

❻ [덕킹]을 적용하려는 영상을 클릭 후 🔊[믹서]에 들어갑니다.

❼ 🔊[덕킹]의 볼륨을 줄여줍니다.
(배경음악의 크기와 영상클립의 오디오 볼륨에 맞추어 설정하면 됩니다.)

❽ ✅를 눌러 적용합니다.

ⓚ 오디오 [반복] 기능

오디오 [반복] 기능을 활용하면 [오디오] 파일을 다시 찾는 수고를 덜 수 있습니다.
현재 추가된 배경 음악이 영상클립 길이에 맞추어 반복적으로 재생됩니다.

❶ 오디오클립을 클릭합니다.

❷ 오디오 [편집 메뉴]에서 [반복]을
클릭합니다.

❸ 영상클립 끝까지 오디오가 반복
됩니다.

오디오 [반복] 기능의 장점과 단점

장점 – 작업시간 단축

[오디오 브라우저]로 들어가서 파일을 다시 불러오는 작업을 하지 않아도 되므로 작업시간이 단축됩니다.

단점 – [트림/분할](자르기) 기능 제한

[반복]을 선택하게 되면 오디오 파일을 [트림/분할](자르기)할 수가 없습니다. 때문에 오디오 중간 부분의 사용이 불가능합니다.

단점 – [상세 볼륨] 기능 제한

[반복] 구간에서는 [상세 볼륨] 기능을 사용할 수 없습니다.

*만약, 오디오 파일을 다시 불러오는 것이 번거롭다면, 오디오 파일을 클릭 후 [복사]하여 활용하면 됩니다. 이 경우 기존의 기능을 모두 사용할 수 있습니다.

Ⓚ [끝까지 반복] 기능

[끝까지 반복]을 누르면 오디오 파일이 영상클립 길이와 맞추어 자동으로 재생됩니다.
반드시 [반복]을 누른 후 적용 가능합니다.

오디오클립 [끝까지 반복]

녹음 클립 [끝까지 반복]

Ⓚ 오디오 [트림/분할] (자르기)

오디오클립을 [트림/분할](자르는) 방법은 영상클립, 텍스트, 효과 등과 동일합니다. [녹음], [오디오 추출],
[효과음] 클립도 동일한 방법으로 분할할 수 있습니다.

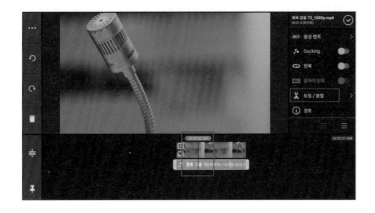

❶ 자르고 싶은 오디오클립 위에
플레이헤드를 놓습니다.

❷ [타임라인]의 오디오를 클릭합니
다.

❸ [편집 메뉴]에서 [트림/분할]을
클릭합니다.

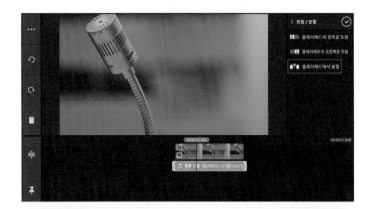

❹ [플레이헤드]에서 분할을 클릭합
니다.

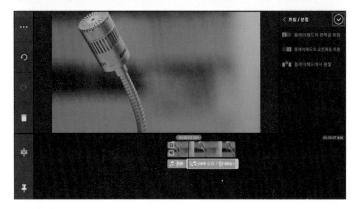

❺ ✅를 눌러 적용합니다.

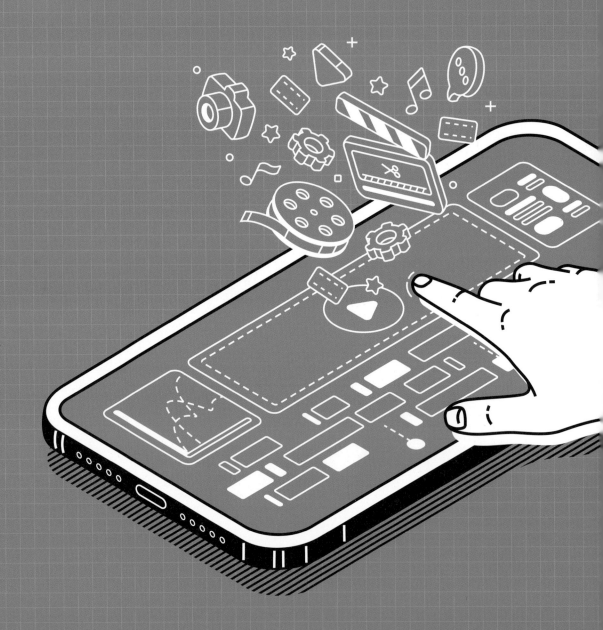

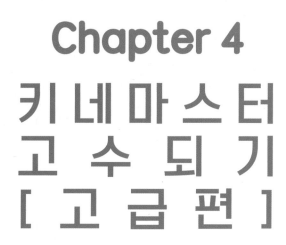

Chapter 4

키네마스터
고 수 되 기
[고 급 편]

CONTENTS

KINEMASTER

01 두 개 이상 영상 편집하기

영상 소스를 2개 이상 활용해 2개 이상의 영상 레이어를 만들 경우 [화면 분할], [크롭], [크로마키] 등의 추가 [편집 메뉴] 기능을 활용할 수 있습니다.

ⓚ 영상클립 위에 영상 얹기

영상이 진행되는 동안 영상 스토리에 맞는 자료화면이 들어갑니다. 우리는 보통 이런 자료 영상 소스를 〈인서트컷〉이라고 합니다. 영상 스토리와 관련해서 보조 촬영을 진행하는 것입니다.

❶ [미디어]를 눌러 편집할 영상(사진)을 불러옵니다.

❷ [타임라인]에 영상클립이 생겼습니다. 이 화면 위에 얹을 영상클립을 또 불러옵니다.

❸ 이번에는 [레이어 → 미디어]를 클릭합니다.

❹ 영상클립 레이어가 총 2줄이 생겼습니다.

❺ 이 상태에서 [레이어 → 미디어]를 클릭해서 영상클립 하나를 더 불러옵니다.

❻ 영상을 원하는 크기와 위치에 배치합니다.

❼ ✔버튼을 눌러줍니다.

🄚 영상클립 [레이어로 복사] 후 편집하기

좌측 상단의 ⋯을 이용해서 [자막], [효과] 등의 기능을 복사할 수 있습니다. 영상(사진) 클립 역시 복사가 가능합니다.

[미디어 브라우저]에서 불러온 영상을 [영상1], [레이어 → 미디어]를 통해 불러온 영상을 [영상2], [영상3] 등으로 표기합니다. 영상의 개수가 늘어나면 편집이 헷갈릴 수 있습니다. 때문에 반드시 [타임라인]에서 편집할 레이어가 지정된 것을 확인 후 편집해야 합니다.

미디어 클립과 같은 영상(사진) 클립으로 [화면 분할]하기

❶ [미디어]를 눌러 편집할 영상(사진)을 불러옵니다.

❷ [타임라인]에 영상클립이 생겼습니다. 영상을 클릭 후 노란색 테두리가 생기면 좌측 ⋯버튼을 클릭합니다.

❸ [레이어로 복사] 버튼을 누릅니다.

❹ [영상2]가 생성됐습니다.

❺ [영상2]를 원하는 크기와 위치로 조절합니다.

❻ 이 과정에서 [영상1]의 크기를 조절해야 할 경우가 생깁니다. [영상1]을 클릭 후 노란색 테두리가 생기면 [편집 메뉴]에서 [팬&줌]을 클릭합니다.

❼ [영상1]의 크기를 조절합니다.

*메인 영상의 크기는 [팬&줌] 기능을 통해서만 조절할 수 있습니다.

❽ 복사된 영상이기 때문에 영상의 플레이 역시 똑같습니다.

ⓚ [화면 분할] 기능 활용하기

한 화면에 다양한 그림 혹은 영상이 나오는 경우 [화면 분할]을 활용합니다.

[화면 분할] 기능은 기본 미디어 소스에는 제공되지 않는 메뉴이며 [레이어]에 영상(사진) 클립이 추가로 불러진 경우 [편집 메뉴]에서 확인됩니다.

❶ [미디어]를 눌러 편집할 영상(사진)을 [레이어 → 미디어]를 클릭해서 추가 영상을 불러옵니다.

❷ [영상2]를 클릭 후 [편집 메뉴]에서 [화면 분할]을 선택합니다.

*레이어2부터 생기는 영상(사진) 클립의 [편집 메뉴]는 [영상1]보다 편집 기능이 추가됩니다.

❸ [영상2]의 위치를 어디에 배치할지 선택합니다.

❹ [레이어 → 미디어]를 클릭해서 추가 영상 [영상3]을 불러옵니다.

❺ [편집 메뉴]에서 [화면 분할]을 선택 후 위치를 지정합니다.

❻ ⊘버튼을 눌러줍니다.

ⓚ 영상클립 + 인서트컷 편집하기

영상클립 위에 영상클립이 얹어진 가장 흔한 형태는 뉴스입니다.

앵커가 나오는 영상클립이 [영상1]이라고 한다면 앵커의 좌측 상단에 떠 있는 뉴스화면이 [영상2]입니다.

또 화면이 바뀌어도 앵커나 기자 목소리가 그대로 나오는 것도 같은 경우입니다.

인서트컷은 영상 중간에 삽입되는 영상으로 정보, 토크 영상일 경우 〈인서트컷〉은 통계자료 등의 자료화면이 됩니다. 같은 영상클립을 활용해서 인서트컷을 넣기도 하는데요, 영상이 자연스럽게 진행되다가 변화 혹은 강조하는 효과를 주고 싶다면, 영상클립의 일부분을 〈인서트컷〉으로 활용해 편집하면 됩니다.

*영상클립 레이어가 1개일 경우는 [팬&줌] 기능을 통해 표현하면 됩니다.

❶ 편집할 영상(사진) 클립을 불러옵니다.

❷ 강조하고 싶은 부분을 [자르기]합니다.

❸ 자른 영상클립을 클릭 후 좌측 상단의 ▪▪▪을 눌러 [레이어로 복사]를 클릭합니다.

❹ [영상2]를 클릭 후 화면에 알맞게 조절합니다.

❺ ✅버튼을 눌러줍니다.

*총 3개의 영상클립 중 가운데 부분은 [영상2]가 화면에 보여집니다.

이때, 화면은 [영상2]의 화면이 나오지만 소리는 [영상1]의 소리가 나옵니다.

*[복사]를 할 경우 영상의 오디오도 함께 복사되기 때문에 [영상2]의 오디오를 [음소거] 해야 합니다.

ⓚ [크롭] 적용하기

[크롭]은 영상 레이어가 두 줄 이상일 때만 나오는 기능입니다. 영상 레이어가 한 줄일 때는 [팬&줌] 기능을 활용하여 원하는 부분을 확대하지만, 영상클립이 두 줄일 경우 원하는 부분을 잘라서 확대할 수 있습니다. 크롭(crop)의 사전적 정의는 '컴퓨터 그래픽에서 가로와 세로의 비례를 바꾸거나 대상물을 돋보이게 하거나 윤곽을 개선하기 위하여 이미지의 바깥 부분을 제거하는 작업'입니다. 영상(사진) 클립 화면에서 필요 없는 부분을 잘라내고, 강조하고 싶은 부분에 [크롭] 효과를 사용합니다.

[크롭]을 적용하기 위해 영상을 불러오는 과정은 여러 가지입니다.

1. [레이어 → 미디어] 다른 영상(사진) 추가 후 크롭

❶ 편집할 영상(사진) 클립을 불러옵니다.

❷ [레이어 → 미디어]에서 영상(사진)을 추가로 불러옵니다.

❸ [영상2]를 클릭 후 [편집 메뉴]에
서 [크롭]을 클릭합니다.

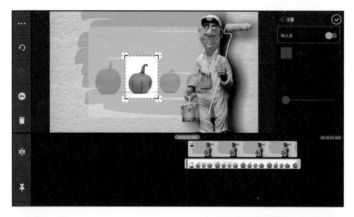

❹ [영상2] 모서리를 움직여 원하는
크기로 조절해 줍니다.

*최대한 보여주는 그림 주변으로 가깝게
잘라줍니다.

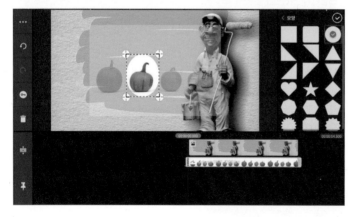

❺ 이전 화면에서 [마스크]를 클릭
후 원하는 모양을 선택합니다.

❻ [페더]를 이용해서 크롭(잘라진) 사진 주변을 자연스럽게 만들어 줍니다.

❼ 조금 더 자연스러운 연출을 원한다면 [편집 메뉴]에서 [알파(불투명도)]를 설정합니다.

❽ ✅버튼을 눌러줍니다.

현재 화면 복사 후 [크롭]하기

❶ 편집할 영상(사진) 클립을 불러옵니다.

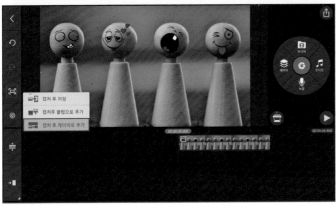

❷ 좌측의 🖼버튼을 눌러 [캡처 후 레이어로 추가]를 클릭합니다.

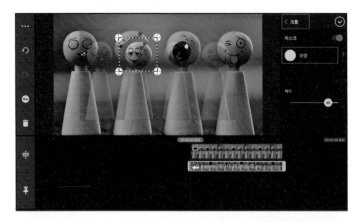

❸ [영상2]를 클릭 후 [편집 메뉴]에서 [크롭]을 클릭합니다.

❹ 원하는 모양을 선택합니다.

*[페더]는 원하는 경우 선택합니다.

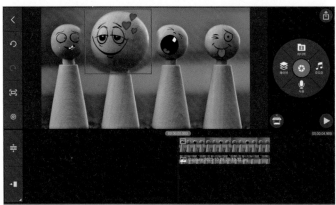

❺ [크롭]한 영상(사진)을 원하는 크기로 만들고 위치를 잡아줍니다.

🄚 [크로마키] 적용하기

크로마키(chroma-key)의 사전적 정의는 '텔레비전의 화상합성을 위한 특수기술'입니다. 컬러텔레비전 카메라의 적색, 녹색, 청색 3원색 신호를 이용하면서 이러한 명칭이 붙게 됐습니다.

파란색 스크린 앞에 인물이나 물체를 배치하고 촬영한 후 화면 일부분을 오려내고 그곳에 다른 화면을 끼워 맞추는 방법입니다. 이렇게 색조의 차이를 이용해서 원하는 피사체를 뽑아내는 것인데요,

크로마키를 사용할 때는 반드시 선택되는 피사체가 있는 영상(사진)과 배경이 되는 영상(사진)이 필요합니다. 지워지는 배경색은 초록색 혹은 청색이 편리합니다. (피사체와 대조되는 색깔로 배경을 지정해 주세요)

예를 들면, 일기예보를 볼 때 기상캐스터 뒤쪽으로 날씨가 나오는 것입니다.

유튜브에서 게임방송을 할 때 게임 화면으로 캐스터가 둥둥 떠 있는 모습을 연출하는 것이 바로 [크로마키] 기능을 활용한 것입니다.

크로마키 역시 영상클립 레이어가 2개 이상일 경우 가능한 기능입니다.

❶ 배경이 될 영상(사진) 클립을 불러옵니다.

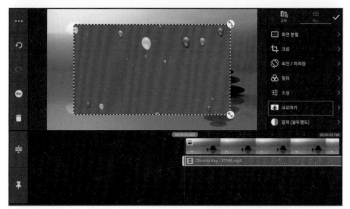

❷ [레이어 → 미디어]에서 [크로마키]를 적용할 영상을 불러옵니다.
*다음 영상에서 초록색 부분이 없어지고 풍선만 남게 됩니다.

❸ [영상2]를 클릭 후 [편집 메뉴]에서 [크로마키]를 클릭합니다.

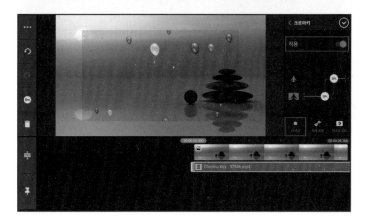

❹ [적용]을 클릭 후 [키색상]을 눌러서 가급적 초록색이 적게 남는 색으로 설정합니다.

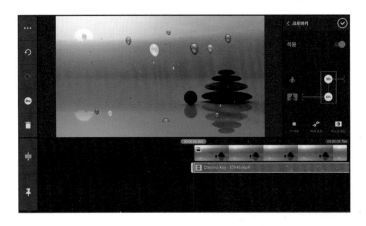

❺ 그다음 제거되지 않은 부분과 선명도를 설정합니다.

⬟ 크로마키 영상의 피사체 선명도를 조절합니다.

⬟ 크로마키 영상의 초록색 배경을 조절합니다.

Ⓚ [크로마키] 활용하기

[크로마키 배경 영상] 직접 만들기

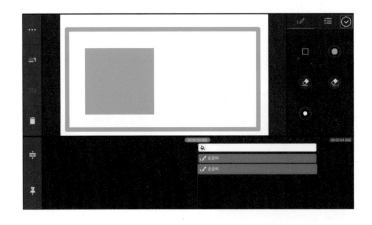

❶ [미디어 → 단색배경]에서 흰색을 불러옵니다.

❷ [레이어 → 손글씨]에서 사각형을 그리고, 손글씨 레이어를 하나 더 이용해서 속이 빈 사각형을 만듭니다.

크로마키를 적용할, 즉 삭제할 부분이므로 지우기 쉬운 초록색이나 파랑색을 사용합니다.

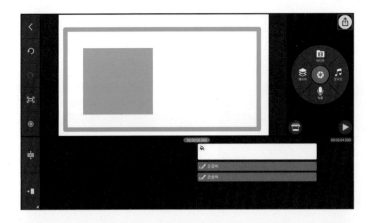

❸ 우측 상단의 [내보내기] 버튼을
클릭해서 하나의 영상 파일로 출력
합니다.

*하나의 영상 파일이 완성됐습니다.

*영상의 길이는 가급적 길게 제작하는
것이 활용하기 좋습니다.

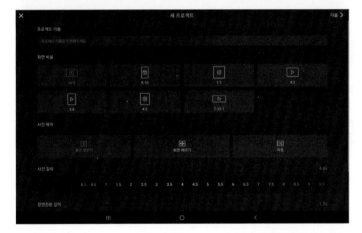

❹ 다시 새로운 [프로젝트]를 만듭
니다.

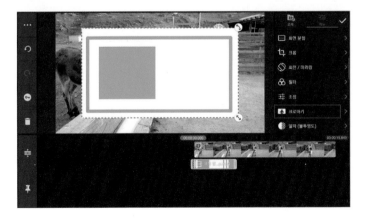

❺ 편집할 영상을 불러옵니다.

❻ [레이어 → 미디어]에서 조금 전
에 만든 영상을 불러옵니다.

❼ [영상2]를 클릭 후 [크로마키]를
클릭합니다.

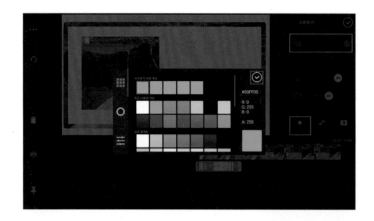

❽ [크로마키] 색상을 지웁니다.

*키네마스터 색상표에는 조금 전 영상을 만들 때 사용한 [초록색]이 지정되어 있습니다. 그 영상 색상을 사용하면 [크로마키] 색상을 깔끔하게 지울 수 있습니다.

❾ 배경이 보이도록 [영상2]의 [알파(불투명도)]를 적절하게 조절합니다.

❿ 원하는 자막을 적습니다.

02 키네마스터는 알아도
잘 모르는 이 기능

Ⓚ [애니메이션] 적용하기

키네마스터는 자막과 효과 등에 [인 애니메이션], [애니메이션], [아웃 애니메이션]의 기능을 활용해서 영상에 화려함을 줄 수 있습니다. 하지만 이렇게 정해진 템플릿 이외에도 편집자가 원하는 방향과 속도로 [애니메이션] 기능을 적용시킬 수 있습니다.

*단 [영상1] 클립에는 [애니메이션] 효과를 적용할 수 없습니다. [영상2] 또는 효과, 스티커, 텍스트, 손글씨 등에는 자유자재로 적용 가능합니다.

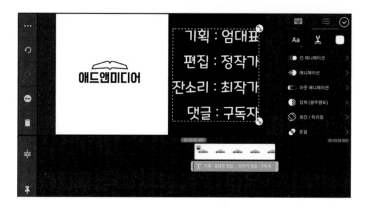

*아래에서 위로 올라가는 스탭스크롤 자막을 만들어 보겠습니다.

❶ 미디어를 불러옵니다.

❷ [애니메이션] 효과를 적용할 [자막]을 작성해 보았습니다.

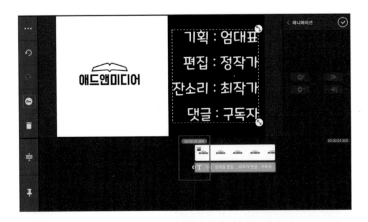

❸ 플레이헤드를 자막 제일 앞으로 가져다 놓습니다.

❹ 자막클립을 클릭 후 왼쪽의 [애니메이션] 🔘 을 클릭합니다.

❺ 자막클립 제일 앞에 동그란 표시가 생성됐습니다.

*플레이헤드 위치가 중요합니다.

❻ 자막클립 시작 지점에 자막의 크기와 위치를 화면에서 손으로 조절합니다.

*예시는 막이 시작되는 지점에서 자막이 첫 줄만 보이도록 설정한 것입니다.

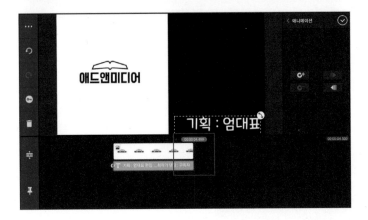

❼ 다음은 플레이헤드를 자막클립 끝으로 옮깁니다.

*영상의 흐름에 따라 자막을 다른 방향으로 옮기기를 원한다면 자유롭게 옮기면 됩니다.

❽ 자막이 끝나는 지점에서 모니터에 보이는 자막의 위치가 어디이면 좋을지 결정한 뒤, 모니터에서 자막의 크기와 위치를 손으로 조절합니다.

❾ ✅를 눌러 적용합니다.

❖ [애니메이션] 활용하기

[애니메이션] 기능을 이용해서 튀어 오르는 '공' 표현하기

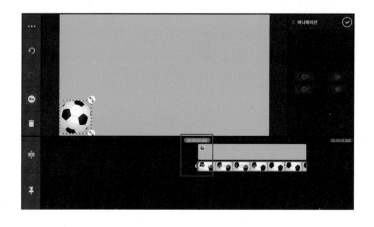

❶ [애니메이션] 적용할 '공'을 선택합니다.

❷ 타임라인에서 플레이헤드 위치를 제일 앞에 둡니다.

❸ 좌측의 [애니메이션] 🔑을 클릭합니다.

❹ 모니터에서 '공'의 시작 위치를 지정합니다.

❺ 타임라인에서 플레이헤드 위치
를 이동합니다.

❻ 화면에서 '공'의 위치 이동합니다.

이 과정을 여러 번 반복합니다.

❼ 타임라인에서 '공' 클립 끝에 플
레이헤드를 놓습니다.

❽ 화면에서 '공'의 마지막 위치를
지정합니다.

*[타임라인]에서 영상의 위치를 정하고
화면에서 공의 위치를 옮기는 작업을 반
복하는 것입니다.

키네마스터 애니메이션에 대해서 더 알고 싶다면
〈신선스쿨〉 유튜브 채널에서
영상으로 확인해 보세요!

▶ https://youtu.be/yqdldUoVPSk

03 앱을 활용해서
미술팀 작업까지 뚝딱!!!!

ⓚ 배경 지우는 앱 활용하기: 백그라운드 이레이저(Background Eraser)

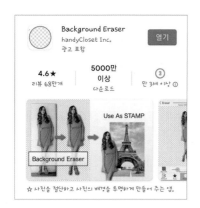

과거에는 주로 포토샵에서 배경을 제거했지만, 요새는 파워포인트나 다양한 앱을 활용해서 배경을 지울 수 있습니다. 배경 지우는 앱을 잘 활용하면 다양한 효과, 자막 등을 연출할 수 있어 영상이 풍성해 집니다.

최근에는 앱 기능이 향상되면서 자동으로도 완성도 높게 배경을 지울 수 있습니다.

*배경을 지우는 앱은 다양합니다. 자신이 활용해보고 편한 앱을 사용합니다. 최피디와 정작가는 주로 [백그라운드 이레이저] 앱과 [리무브 BG]를 활용합니다.

Ⓚ [백그라운드 이레이저] 사용법

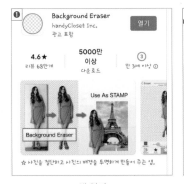
앱 열기

첫 화면

❶ 플레이스토어에서 [백그라운드 이레이저] 앱을 다운로드 후 열어주세요.

❷ [Load a photo]를 클릭합니다.

사진 불러오기

사진 자르기

❸ 배경을 지우고 싶은 사진을 불러옵니다.

❹ 자른 부분에 선을 긋거나 표시를 한 것을 '크롭 마크(crop mark)', 잘려나가는 부분은 '크롭트(cropped)'라고 합니다. *아이를 남기고 배경을 지워보겠습니다.

오토(Auto) 사용

배경 지우고 [확인]

❺ [오토]를 활용해서 비슷한 배경을 지웁니다. 그 후에 세세하게 지워나갑니다.

❻ 배경을 지운 후 상단의 [Done]을 클릭합니다.

가장자리 정리

마침

❼ Smooth Edge(부드러운 가장자리) 단계입니다. 피사체의 테두리를 자연스럽게 조절 후 [Save]를 클릭합니다.

❽ 최종적으로 확인하고 [Finish](마침)를 누릅니다. 수정하고 싶다면 좌측 상단 버튼을 눌러 전으로 돌아갑니다.

ⓚ [백그라운드 이레이저] 메뉴

❶ [Auto]로 하면 클릭하는 주변이 함께 지워집니다. 종종 주변에 비슷한 색이 모두 지워지기도 하므로 [오토]에서도 배경이 지워지는 강도를 설정할 수 있습니다.

❷ [Cursor Offset]은 지우기 위해 손을 대는 지점과 지워지는 지점을 조절하는 것입니다.

*정교한 부분을 지울 때 손가락에 그림이 가려지는 것을 방지하는 기능으로, 지워지는 부분과 같게 설정해도 되고 다르게 설정해도 됩니다.

❸ [Magic]은 다소 거칠게 지워집니다. 머리카락처럼 지우는 테두리가 다소 거칠어야 할 때 활용하면 좋습니다.

❹ [Manual]은 지우개입니다. (지우개 사이즈를 조절할 수 있습니다)

❺ [Repair]은 실수로 지워진 부분을 다시 재생시킬 때 활용합니다.

❻ [BgColor]는 배경색을 바꿔줍니다. 사진이 밝은색일 경우 배경을 어둡게 하면 잘 지워졌는지 확인이 가능합니다.

❼ 두 개의 손가락으로 그림을 당기면 확대 및 축소가 가능합니다.

❽ 실수로 지웠을 때는 [돌아가기] 버튼을 활용할 수 있습니다.

JPG 파일과 PNG 파일의 차이가 뭔가요!?

JPG : 그림 뒤 배경 있음

PNG : 그림 뒤 배경 없음

JPG는 표준으로 사용되는 그래픽 파일의 확장자로, JPEG 압축방식을 이용한 파일입니다.

PNG 파일은 그림 뒤의 배경이 없는 것이 특징입니다.

때문에 배경을 살린 상태에서 이미지를 얹고 싶다면 배경을 지우고 PNG 파일로 변환해야 합니다.

*백그라운드 이레이저 앱으로 배경을 지운 파일은 PNG 파일로 저장됩니다.

Ⓚ 앱으로 말자막 만들기

자신의 얼굴이 들어간 말자막을 사용하면 영상을 보는 사람들에게 더욱 각인되는 효과가 있습니다.

❶ [미디어] 단색배경에서 검정색 배경을 불러옵니다.

❷ [레이어 → 미디어]에서 배경을 지운 파일을 선택합니다.

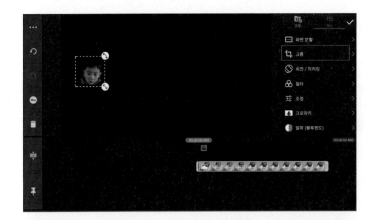

❸ [크롭]을 이용해서 필요한 부분을 남기고 잘라냅니다.

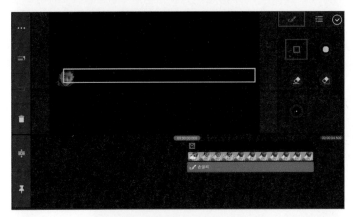

❹ [레이어 → 손글씨]에 들어가서 속이 빈 사각형을 그립니다.

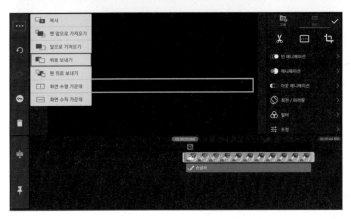

❺ 사각형이 얼굴 위로 올라옵니다.

좌측 상단의 ⚫⚫⚫ 을 클릭해서 사각형을 뒤로 보냅니다.

*레이어로 추가되는 자막과 효과는 모두 앞, 뒤로 배치를 바꿀 수 있습니다.

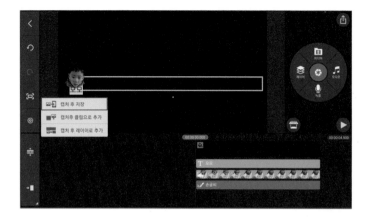

❻ 현재 모니터에 보이는 화면을 [캡처 후 저장]을 합니다.

*캡처된 이미지는 스마트폰 [갤러리]에 저장됩니다.

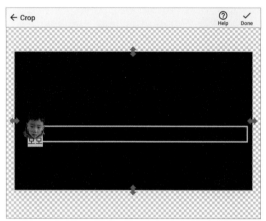

❼ 배경지우기 어플에서 말자막 바를 남기고 배경을 모두 지워줍니다.

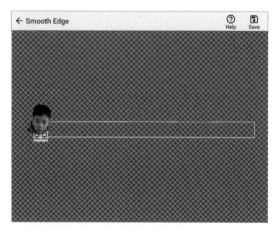

❽ 말자막 바의 가장자리를 깨끗하게 정리합니다.

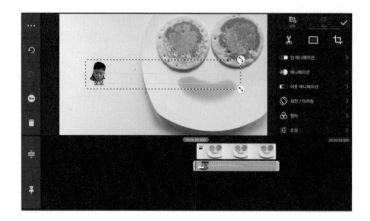

❾ [미디어]에서 편집할 영상(사진)을 불러옵니다.

❿ [레이어 → 미디어]에서 조금 전에 배경을 지운 말자막을 가져옵니다.

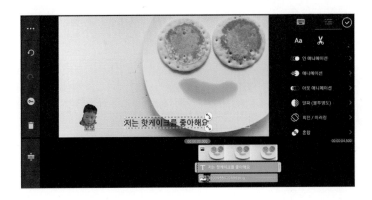

⑪ 원하는 위치와 크기로 말자막 바를 배치합니다.

⑫ [레이어 → 텍스트]에서 말자막을 작성합니다.

ⓚ 앱으로 좌상단 로고 만들기

좌상단의 로고는 있어도 그만, 없어도 그만이라고 생각할 수 있지만 좌상단의 로고는 매우 중요합니다. 시작부터 영상을 보지 않아도, 혹은 다른 사람이 보는 영상을 힐끔 보더라도 좌상단에 프로그램의 로고가 떠 있다면 스쳐 가듯 본 영상이지만 사람들의 기억에 오래 남기 때문입니다. 다시 영상을 보고 싶을 때 언제나 찾아오라는 연락처와도 같은 것이죠. 때문에 잘 만들어진 프로그램에는 좌상단의 로고가 있다는 것을 알 수 있습니다.

좌상단에는 자신의 채널 로고를 사진으로 만들어서 띄우는 방법과 영상으로 만드는 방법이 있습니다.

1. 좌상단에 배치할 로고를 만든 후 배경지우개 앱을 활용해서 배경을 지운다.

2. 초록색으로 배경을 만들어 [크로마키]를 적용할 수 있도록 한다.

[사진 좌상단] 배경지우개 앱을 활용해서 배경을 지운다

❶ 단색배경을 불러옵니다.

❷ [레이어 → 스티커/텍스트]를 이용해서 만들고 싶은 로고를 만들어 줍니다.

❸ 좌측 🔳을 클릭해서 [캡처 후 저장]을 합니다.

❹ [배경지우개 앱]을 활용해서 배경을 지웁니다.

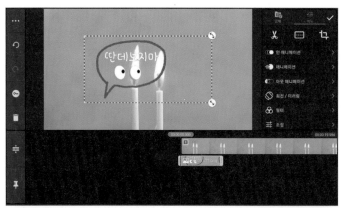

❺ [레이어 → 미디어]로 배경을 지운 좌상단 로고를 불러옵니다.

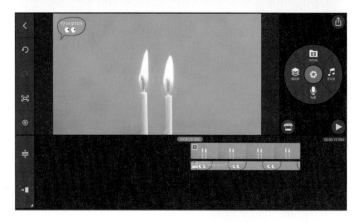

❻ 좌상단에 원하는 크기로 배치합니다.

❼ [좌상단] 파일의 길이는 영상의 길이와 똑같이 맞춰주면 됩니다.

[영상 좌상단] 크로마키를 활용한다

❶ [미디어 → 이미지]에서 검정색 배경을 불러옵니다.

❷ [레이어 → 스티커/텍스트]를 이용해서 만들고 싶은 로고를 만들어 줍니다.

*여기까지는 사진으로 좌상단을 만들어 주는 것과 같습니다.

❸ [레이어 → 손글씨]에서 초록색 사각형을 그립니다. (이때 로고만 가려질 정도로 초록색 배경을 만들어 주면 됩니다)

*좌측 상단 •••을 눌러 손글씨를 [맨 뒤로 보내기] 해줍니다.

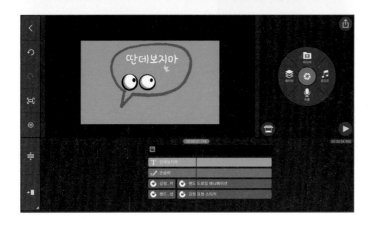

❹ 좌상단에 로고가 떠 있을 때 일정 시간이 지나면 효과들이 나타나도록 [스티커]를 일정한 간격으로 잘라주었습니다.

❺ 우측 상단 🔼를 눌러 [내보내기] 합니다.

*영상클립의 길이만큼 효과, 자막의 길이를 맞추어 준 후 10~30초 간격으로 타임라인의 스티커를 잘라줍니다. 잘라진 지점에서 스티커는 다시 시작되며 효과가 발생합니다.

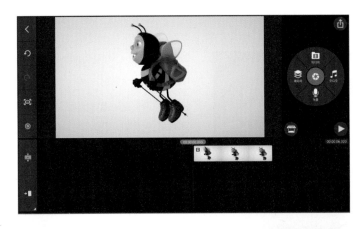

❻ 동영상을 편집할 새로운 프로젝트를 만들고 영상을 불러주세요.

❼ [레이어 → 미디어]에서 조금 전 내보낸 좌상단 영상을 불러옵니다.

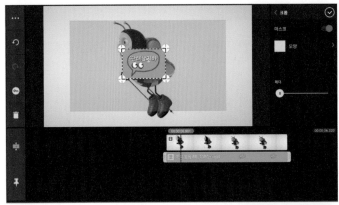

❽ [편집 메뉴]에서 [크롭]을 눌러 로고를 잘라냅니다.

❾ [크로마키]를 적용시켜 배경색을 없애줍니다.

❿ 좌측 상단에 배치합니다.

ⓚ 앱으로 타이틀 만들기

방송국에는 그래픽 팀에서도 타이틀을 전문적으로 만드는 미술감독이 따로 있습니다. 그만큼 타이틀을 만드는 것은 중요한 작업인데요, 유튜브를 시작하고자 한다면 자신의 영상에 대한 이해도가 가장 높은 자신이 타이틀을 만드는 것이 좋습니다.

타이틀을 만드는 것은 다소 귀찮을 수 있지만 한번 만들면 지속적으로 사용이 가능하고, 처음에는 간단한 효과들을 활용해서 만들다가 나중에 편집 실력을 쌓아서 보다 화려한 타이틀을 만들면 됩니다.

타이틀은 내 프로그램의 간판입니다. 내 프로그램이 어떤 프로그램이고 어떤 것을 말해주려고 한다는 것을 영상 초반에 3초가량 짧게 보여준다고 생각하면 됩니다. 특히 타이틀 영상에는 글씨체와 글씨 크기, 자막이 발생하는 타이밍을 신경 써서 작업하면 좋습니다.

❶ [미디어] 단색배경에서 검정색 배경을 불러옵니다.

❷ [레이어 → 미디어]를 이용해서 배경을 지운 사진을 불러옵니다.
*배경이 허전하여 [클립 그래픽]의 <캠코더 뷰 파인더> 효과를 넣었습니다.

❸ 플레이헤드는 영상의 가장 앞에 둡니다.

❹ 원하는 내용을 적어 넣습니다. 이때, 다른 글씨체나 색을 적용하고 싶다면 [레이어]를 다르게 생성해서 텍스트 작업을 해야 합니다.

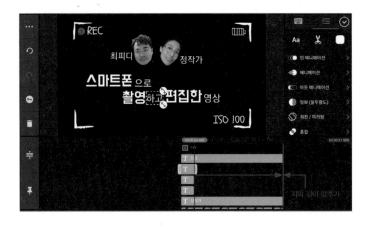

❺ 〈스마트폰〉이라는 글씨를 복사해서 〈촬영〉이라는 글씨와 〈편집한〉이라는 글씨를 적었습니다.

〈으로〉라는 글씨를 복사하여 〈하고〉와 〈영상〉이라는 글씨를 작성했습니다.

*자막을 순차적으로 발생시키고, 자막이 끝나는 시간은 같도록 설정하겠습니다. 그러기 위해서 자막의 길이를 영상 길이와 맞춰주면 작업이 편리합니다.

❻ 자막을 원하는 색상과 크기로 조정합니다.

❼ 각각의 자막이 발생하는 [인 애니메이션] 효과를 설정합니다.

❽ 자막이 순차적으로 발생하도록 시간을 조정합니다.

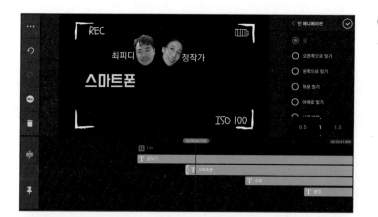

❾ 〈스마트폰〉의 경우 [인 애니메이션/팝] 기능을 1초간 적용했습니다.

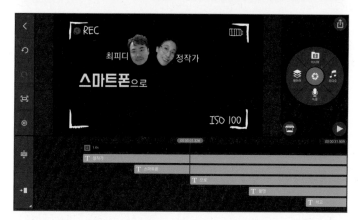

❿ 다음 글씨 〈으로〉는 〈스마트폰〉 글씨에 대한 효과가 지난 후에 발생하도록 합니다.

⓫ 타임라인 패널을 천천히 움직이며 다음 자막이 발생해야 할 지점에서 플레이헤드를 고정시킵니다.

Chapter 4

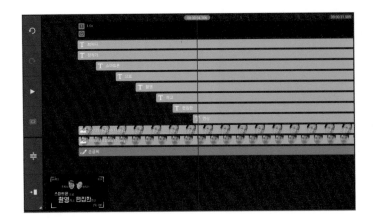

⑫ 타이틀 영상이 완성되었습니다. 이처럼 자막이 발생할 때 시차만 주어도 영상이 멋있어집니다.

사진 배경 지우기의 예시를 보고 싶다면 유튜브에서 영상으로 확인해 보세요!

▶ https://youtu.be/br0lcdUlf-8

ⓚ [프로젝트 받기] 기능으로 손쉬운 영상 만들기

다양한 스타일의 [프로젝트]들이 만들어져 있습니다.

프로젝트를 다운로드한 후 자신이 원하는 부분만 교체해서 사용하면 완성도 높은 영상을 만들 수 있습니다.

❶ 앱의 가장 처음 화면 상단에 있는 [프로젝트 받기]를 누릅니다.

❷ 영상의 분위기 별로 카테고리가 분류되어 있습니다. 자신이 원하는 '프로젝트'를 선택합니다.

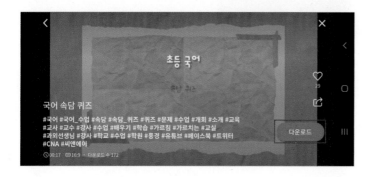

❸ 프로젝트를 선택한 후 [다운로드]를 클릭합니다.

❹ 새 프로젝트가 생성되어 있는 것을 확인 할 수 있습니다. 프로젝트를 열고 편집을 시작합니다.

❺ 프로젝트 실행에 필요한 효과, 스티커, 글씨체 등을 다운로드합니다. (가급적 '모두 다운로드'를 해야만 예시와 같은 프로젝트로 편집이 가능합니다.)

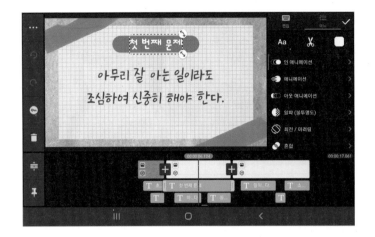

❻ 음악, 효과, 자막 내용 등을 교체하여 나에게 맞는 영상으로 재편집할 수 있습니다.

Ⓚ 유튜브 동영상 썸네일 만들기

썸네일은 'thumb nail' 즉 '엄지손톱'이라는 뜻을 갖고 있는, 인터넷에서의 작은 크기의 견본을 가리킵니다. 유튜브 등 SNS에서 사람들이 영상을 고르는 가장 큰 기준은 바로 이 썸네일입니다.

평소 자주 보던 채널이라 하더라도 이번 회가 어떤 주제를 담은 영상인지 한 번에 알 수 없다면 답답함을 느끼게 됩니다. 만약 주제를 알고 시청했을 경우에는 영상 초반에 지루한 부분이 나오더라도 기다려주는 효과도 있습니다.

썸네일은 한 단어 혹은 두 단어로 영상의 주제를 알려줘야 합니다. 또 누가 등장하는지, 어떤 대화를 주고받는지 등을 최대한 직관적으로 보여줘야 합니다. 이렇게 눈에 띄어야 하기 때문에 썸네일은 큼직한 글씨와 사람, 화려한 글씨체와 색상을 사용해서 제작합니다.

[썸네일] 제목 잘 만드는 꿀팁

1. 눈에 띄는 색을 사용하라

썸네일에 적는 글자색은 노란색과 흰색 등 단색을 많이 사용합니다. 글씨를 부각시키기 위해 글씨에 윤곽선을 사용합니다.

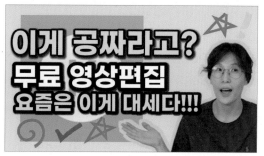

2. 주인공을 썸네일에 등장시켜라

사람들은 영상에서 어떤 사람이 어떤 이야기를 할지 궁금해합니다. 특히 [브이로그]라면 주인공의 얼굴을 등장시키는 것이 좋습니다.

사람들에게 너무 막연한 궁금증을 주면 오히려 쉽게 돌아서거나 관심을 갖지 않게 됩니다.

3. 포인트를 극대화해서 궁금증을 자극하라

제목을 정하기에 앞서 영상의 주제를 찾을 수 있어야 합니다. 아무리 사소한 영상을 촬영한 것이라도 편집하는 사람은 하나의 맥락을 갖고 영상을 만들어나가기 때문입니다.

썸네일에서는 영상의 내용을 자세히 말해주기보다는 굵직한 영상의 포인트를 극대화해서 사람들에게 궁금증을 자아내게 하면 됩니다.

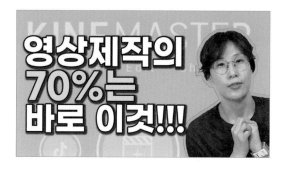

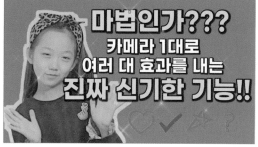

4. 구체적으로 작성해라

썸네일이지만 구체적으로 적는 것이 좋습니다.

예를 들어 '100만 유튜버도 거치는 관문'이라고 적었다면 '유튜브 10일차 후기'라고 조금 더 자세한 내용을 적는 것입니다.

5. BEST는 영원하다~

많은 방송에서 순위를 정해서 나열하는 방송을 합니다. 하지만 사람들은 그 순위가 어떤 기준으로 나열된 것인지를 따지기보다는 내용을 공감하는 데 더 집중합니다. 마찬가지로 제품 소개를 한다고 해도 무작정 좋다고 나열하기보다는 5가지 정도로 축약시켜서 자신만의 BEST 순위를 정하거나, 더 구체적으로 나누어도 좋습니다.

예를 들어 "영월 5일장에서 살만한 BEST 5"라고 해도 좋지만, "영월 5일장에서 안 사오면 후회할 힐링템 BEST 5"라고 하면 더더욱 사람들은 관심을 가집니다.

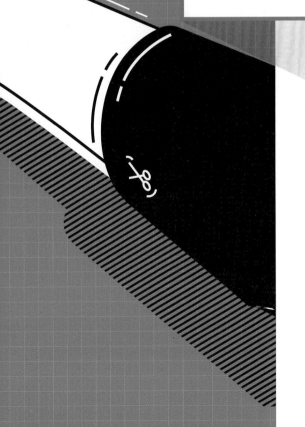

Chapter 5

키네마스터
실 전시
예

CONTENTS

KINEMASTER

01 책 소개 영상 만들기

지금까지 영상편집에 대한 요령을 배웠다면 이제는 전문가처럼 영상을 만들어 볼 시간입니다.

과연 전문가들은 어떤 과정을 거쳐 영상을 제작하고, 그러한 과정을 내가 혼자서 한다면 어떤 작업들을 진행해야 할지 지금부터 차근차근 알아보겠습니다.

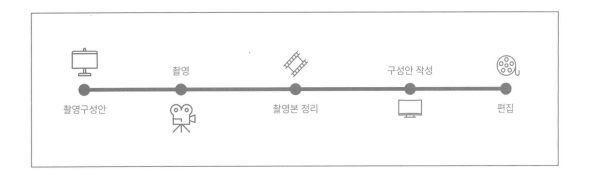

🅚 촬영구성안 – 촬영에 필요한 대본을 작성한다!

촬영에 필요한 대본을 〈촬영구성안〉이라고 부릅니다. 촬영구성안에는 언제, 어디서, 무엇을, 어떻게, 어떤 내용으로 촬영할지에 대한 모든 정보가 담겨 있습니다. 훗날 영상을 보고 장소나 사람을 다시 섭외하려고 할 때 도움이 됩니다. 때문에 언제, 어디서, 어떻게 촬영되었는지에 대한 기본적인 정보는 충실하게 적어 두는 것이 좋습니다.

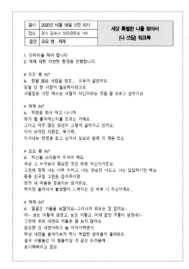

🅚 촬영 – 촬영에 필요한 장소를 미리 섭외하고 주변 여건을 파악합니다

집 안이나 잘 아는 곳에서 촬영을 진행할 경우는 문제가 없지만, 외부 공간을 빌려서 혹은 야외에서 촬영을 진행할 때면 주변 상황을 미리 파악해야 합니다. 내가 원하는 시간에 사용이 가능한지, 소음은 없는지, 날씨는 어떤지 등을 사전에 파악해서 촬영을 진행합니다. 실내인 경우 장소가 어둡다면 조명도 챙겨야 합니다.

스마트폰으로 촬영을 진행할 때는 몇 가지만 유의하면 됩니다.
1. 인터뷰가 있는 경우 마이크를 챙깁니다.
2. 소음은 현장에서 다소 예민하게 대처합니다. (현장에서 들어간 소음은 나중에 없앨 수 없습니다)
3. 삼각대를 준비합니다.
4. 여분 카메라(스마트 기기)를 챙깁니다.

예시) '나쓰담' 촬영 현장

촬영자와 소통

*생방송이 아닌 촬영에서 사전 리허설은 불필요합니다. 다만 의견 조율은 필수입니다.

다양한 컷

*같은 표지라도 다른 느낌으로 여러 개의 사진, 영상을 촬영해 놓습니다.

예시) '나쓰담' 촬영 현장

삼각대 + 여유분의 촬영 장비
*언제, 어떻게 촬영이 활용될지 모릅니다.
최대한 현장에서 일어나는 일을 다양한 각
도에서 촬영합니다.

인서트컷은 많이, 꼼꼼하게
*책의 내용이 잘 나오도록 촬영을 꼼꼼하게
진행합니다.

예시) '나쓰담' 촬영 현장

삼각대 사용은 필수

*흔들림 없이 안정적인 영상으로 촬영합니다.

야외는 반드시 마이크 착용

*마이크에 머리가 스치지 않게 유의합니다.

*녹음 중 마이크를 건드리지 않도록 합니다.

목소리 녹음

*목소리 녹음을 하더라도 영상을 촬영한다면, 어떻게 활용될지 모르기 때문에 컷에도 신경을 씁니다.

K 촬영 영상 정리

촬영 영상을 정리하며 어떤 스토리로 편집할지 구상합니다.

촬영 영상, 사진을 한 폴더에 모으면 편집할 때 편리합니다.

키네마스터의 경우 편집하는 영상의 폴더가 변하거나 실수로 지울 경우 편집화면에서 삭제됩니다.

반드시 키네마스터 영상, 사진을 부르기 전에 내 스마트폰 갤러리 폴더를 정리해야 합니다.

편집 중인 사진이 갤러리에서 이동 혹은 삭제된 상황

ⓚ 편집

나쓰담(책)에 대한 전체 소개 영상, 인터뷰를 모아서 만든 영상, 텀블벅에 활용할 영상 이 세 가지로 나누어 편집하려고 합니다.

> 편집 순서
>
> 1. 편집에 필요한 영상을 불러온 후 NG 컷 잘라주기
> 2. 내용에 따라 영상 잘라주기
> 3. 영상 사이사이 브릿지 영상(사진) 배치하기
> 4. 영상 사이 '장면전환' 효과 넣기
> 5. 자막, 효과 등을 넣어 편집하기
> 6. 영상 길이 맞추고 오디오 넣기

1. 편집에 필요한 영상을 불러온 후 NG컷을 잘라줍니다

촬영 원본 : 총 30분 18초

NG컷 삭제 후 : 총 17분 19초

2. 내용에 따라 영상을 잘라줍니다

이어진 영상을 분리하면 원하는 스토리로 재구성이 가능합니다.

원하는 영상 길이가 될 때까지 필요한 영상만 남기고 삭제하는 작업을 반복합니다.

3. 영상 사이사이 브릿지 영상(사진)을 배치합니다

영상의 처음, 중간, 끝에 인서트용 영상을 넣습니다.

[나쓰담]은 총 3개의 파트로 구성되어 있어서 3개의 파트로 나누어서 인서트 영상을 넣었습니다.

4. 영상 사이 '장면전환' 효과를 넣습니다

하나의 영상에 통일성 있는 장면전환 효과를 주면 안정감 있는 영상이 됩니다.

*오락, 예능 장르는 예외입니다.

5. 자막, 효과 등을 넣어 편집합니다

레이어를 분리하면 보다 많은 효과를 줄 수 있습니다.

몇 가지 자막 포맷을 정해서 활용합니다.

나쓰담의 첫 번째 영상에서 기본적으로 사용된 자막은 <Gmarket Sans Bold>입니다.

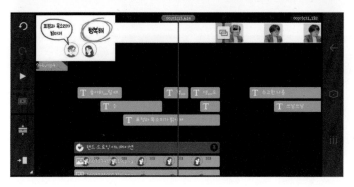

6. 영상 길이를 맞추고 오디오를 넣습니다

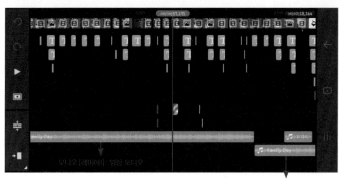

오디오 파일의 길이가 짧아서 다시 한번 불러서 붙였습니다.

오디오 레이어가 2개인 구간이 있습니다.

[레이어1]은 영상의 오디오입니다.

[레이어2]는 배경음악 오디오입니다.

오디오 [레이어2] : 배경음악 오디오

ⓚ 영상에서 활용한 자막 포맷

네임자막

생각자막

기본 하단

챕터 분리 자막

배경 지운 책 내용을 활용한 편집

재미자막 (한두 개 정도 활용)

책 소개영상의 예시를 보고 싶다면 유튜브에서 영상으로 확인해 보세요!

▶ https://youtu.be/5_a13bNNDBE

▶ https://youtu.be/58VhTJ8pgk0

02 제품 홍보영상 만들기

Ⓚ 촬영구성안 - 제품 홍보가 목적이라면 제품 위주의 촬영구성안 작성

영상의 목적이 제품을 홍보하는 것이라면 무엇보다 제품이 다양하고 예쁘게 촬영되어야 합니다. 다양한 제품을 촬영한 후 촬영된 느낌에 따라 편집 스타일을 생각해도 됩니다. 다만 편집할 때 필요한 제품의 컷이 빠지지 않도록 가급적 입체적으로 제품 촬영에 대한 구성안을 작성해야 합니다.

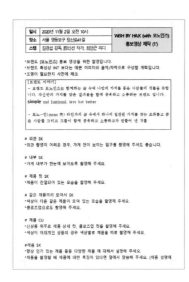

WISH BY HA.K (with 모노민즈) 다양한 촬영법

1. 같은 위치 포커스 변경

2. 브랜드 네임(로고) 촬영

3. 같은 제품을 다양한 위치에서 촬영

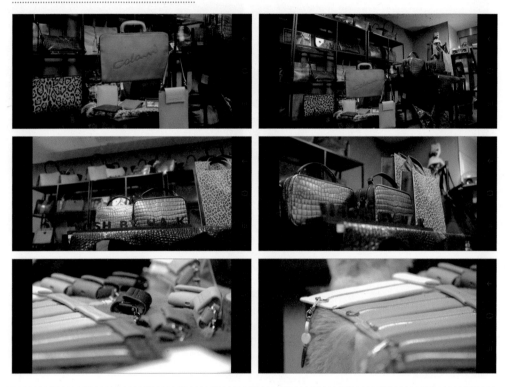

4. 같은 위치에서 클로즈업

WISH BY HA.K (with 모노민즈) 다양한 촬영법

5. 클로즈업 샷

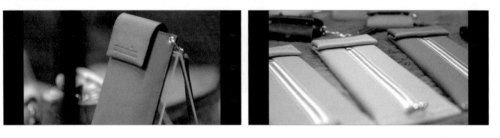

Ⓚ 촬영 영상 정리

촬영한 파일은 폴더를 새로 만들어서 저장합니다.

Ⓚ 편집

영상의 특징에 따라 편집 순서와 중요한 부분은 차이가 납니다.
제품 촬영의 경우 시각적인 효과가 중요하기 때문에 전체적으로 얼마나 영상이 조화를 이루는지 고민해야
합니다.

편집 순서

1. 편집에 필요한 영상을 불러온 후 NG 컷 잘라주기
2. 영상 사이 '장면전환' 효과 넣기
3. 오디오 선택하기
4. 영상 색감 조절하기 ([필터], [조정] 활용)
5. 자막 넣기
6. 오디오와 영상 길이 조절 및 마무리

---

1. 편집에 필요한 영상을 불러온 후 NG컷을 잘라줍니다

총 시간 : 2분 44초

NG컷 자른 후 : 1분 26초

2. 영상 사이 '장면전환' 효과를 넣습니다

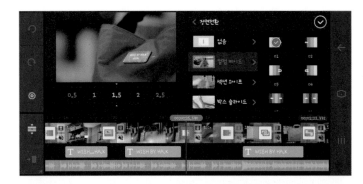

1분 30초의 경우 총 3개 정도의 [장면전환] 효과를 활용하는 것도 좋습니다.

이때 구성은 다르지만 비슷한 느낌을 가진 [장면전환] 효과를 활용합니다.

*저는 자동으로 흑백 넣어주는 〈컬럼 페이드〉, 〈라인 교차 전환〉을 활용해서 영상을 제작했습니다.

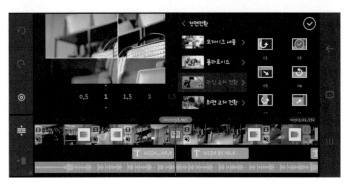

3. 오디오를 선택합니다

제품 촬영일 경우 편집 감각이 중요합니다. 현장음이 들어가지 않을 경우 NG컷을 잘라낸 후 오디오를 미리 선택하는 것이 좋습니다.
영상 길이를 오디오와 맞추면 한결 더 영상이 부드럽고 자연스럽게 느껴집니다.

영상의 전체 분위기를 고려해서 오
디오를 선택합니다.

*오디오 →아티스트에서 How Come
Inst. (목소리 없이 음악만 나오는 파일)
를 선택했습니다.

4. 영상 색감을 조절합니다([필터],[조정] 활용)

영상의 전체 분위기를 흑백 → 컬러 → 흑백으로 구성했습니다.
소리가 없는 경우 영상의 색상을 조절하면서 변화를 줄 수 있습니다.
*영상의 시작 부분에서 4단계로 흑백 농도를 조절하였습니다.

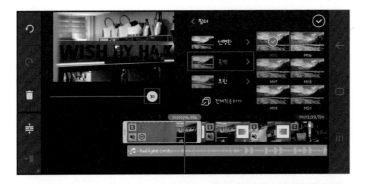

첫 번째 컷에서
[필터] → [흑백] → [M05] → 80%

두 번째 컷에서
[필터] → [흑백] → [M05] → 60%

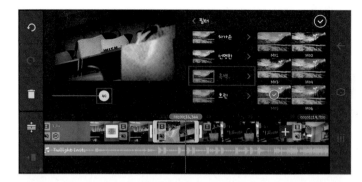

세 번째 컷에서
[필터] → [흑백] → [M05] → 40%

네 번째 컷에서
[필터] → [흑백] → [M05] → 20%

영상이 플레이되면, 자연스럽게 흑백 영상이 컬러 영상으로 전환되는 느낌입니다. 영상의 마지막은 반대로
효과를 주었습니다.

5. 자막을 넣습니다

예능이 아닌 이상 너무 많은 자막은 오히려 영상의 몰입도를 방해합니다.
자막 폰트 역시 1~2가지로 최소화합니다.

[인 애니메이션]은 모두 〈아래에서
나타나기〉로 통일했습니다.

자막은 <Gmarket Sans Bold> 하나의 폰트만 사용했습니다.

6. 오디오와 영상 길이를 조절하고 마무리합니다

오디오가 영상의 길이와 맞지 않는 경우, 같은 오디오의 적절한 부위를 잘라서 붙여야 합니다.
영상 마지막 부분의 오디오는 서서히 줄어드는 효과를 위해 [상세 볼륨]을 조절합니다.

영상이 끝나기 7초~10초 전에 [상세 볼륨 100%]로 설정합니다.

영상 마지막에 [상세 볼륨 5%]로 설정합니다.

제품 홍보영상의 예시를 보고 싶다면
〈신선스쿨〉 유튜브 채널에서
영상으로 확인해 보세요!

▶ https://youtu.be/iED8Kmt98CQ

03 취업자를 위한 영상 자소서

자기소개 영상은 다른 사람과 차별화된 자신만의 매력을 짧은 영상에 압축적으로 담아야 한다는 점에서 광고와도 비슷합니다.

1. 종이 이력서와는 다른 내용 담기
종이 이력서에 적힌 내용을 그대로 영상으로 옮겨 담는 것은 영상 자소서로서 큰 의미를 가지지 못하기 때문에 가급적 종이 이력서와는 다른 내용을 담는 것이 좋습니다.

2. 많은 내용보다는 중요한 내용 담기
많은 내용을 담기보다는 1분가량의 영상에 자신의 어떤 점을 넣으면 좋을지 고민하고, 가장 포인트가 되는 내용을 영상에 담아야 합니다. 뻔한 내용을 담게 되면 영상 자체가 지루하게 느껴질 수 있습니다. 때문에 궁금증을 자아내는 내용이 좋습니다.

3. 같은 내용도 다른 형식으로 담기
예를 들어 취미가 피아노 치기와 외국어라면, 영상을 제작할 때 보여줄 수 있습니다.

취미 : 피아노 치기, 외국어

1. 피아노 치는 모습 · 외국어를 유창하게 구사하는 모습을 보여 준다

↓

2. 어려운 곡을 치는 것보다 모두가 아는 곡을 재미있게 표현하는 모습 연출

혼자 외국어로 자기소개를 하기보다 성대모사를 통해 익살스럽게 연출

↓

3. 피아노 치는 모습과 외국어를 구사하는 모습을 하나의 콩트로 연출

넘쳐나는 영상에서 내 영상 자기소개서가 돋보이기 위해서는 보고용 형식으로는 한계가 있습니다. 물론, 지원하는 업종에 따라 그에 적합한 자기소개 영상 콘셉트로 촬영하면 됩니다.

자기소개 영상 종류 예시

1. 기본적인 정보를 깔끔하게 나열하는 형식
2. 자신이 잘하는 하나의 분야를 부각시켜 장점을 드러내는 형식
3. 언어유희 (작가라는 직업적 특성을 고려한 선택)
4. 명언, 영화 속 명장면 등을 활용해서 나를 표현하는 형식
5. 자신이 지원하는 분야와 연관 지은 형식

ⓚ 자기소개 영상에 필요한 기술

 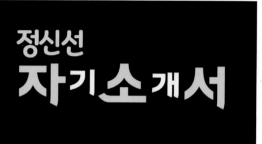

자막에 [애니메이션] 기능을 이용해서 무빙

1. 자/기/소/개/서 다섯 개의 자막 레이어를 만듭니다.

2. 영상이 시작될 때 글씨 배치를 해줍니다.

3. 각각의 자막에 [애니메이션] 기능을 활용해서 무빙을 줍니다.

글씨가 하나씩 순차적으로 부각되는 느낌

1. 주/도/면/밀 네 개의 자막 레이어를 만듭니다.

2. 자막을 그대로 [복사]합니다.

3. 복사된 자막을 움직이지 않은 상태에서 [그림자] 혹은 [글로우] 기능을 추가합니다.

4. 시작 시간과 [인 애니메이션] 기능을 통해 부각되는 글씨로 나타나게 합니다.

*자막에 효과뿐만 아니라 글씨, 색 등을 바꾸어서 효과를 줄 수 있습니다.

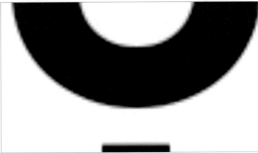

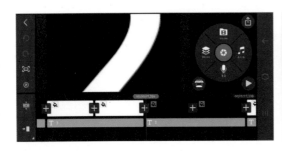

같은 글씨를 크기만 다르게 하기

같은 내용을 강조하고 싶을 때 폰트는 그대로 하고 자막 크기로 다른 느낌을 줄 수 있습니다.

별도의 기능 없이 같은 시간 간격으로 자막 자르기를 한 후 각 자막 크기를 조절하면 됩니다.

*이 과정에서 배경색을 바꾸면 지루함이 덜 느껴집니다.

카운트 활용하기

[스티커]에 카운트다운 효과가 있습니다.

하지만 [애니메이션] 기능을 활용해서 직접 카운팅을 만들 수 있습니다.

큰 그림에서 작은 그림으로 만들면 보다 역동적인 카운트다운 효과가 나타납니다.

여기서 '퉁'하는 효과음을 넣는 것도 좋습니다.

*카운트는 [스티커] 혹은 미디어 브라우저의 [동영상]에 있는 것을 활용해도 좋습니다.

배경색을 바꿔주면 재미있는 화면이 연출됩니다.

기본 배경이 흰색이라면 [레이어 → 미디어]에서 배경색을 추가로 불러옵니다.

왼쪽에 반만 적용하고, 자막이 바뀌는 타이밍에 맞추어서 다시 오른쪽에 반을 적용하면 됩니다.

 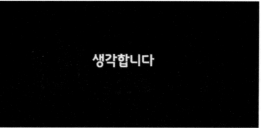

먼저 나온 글씨를 흐리게 하기

새로운 글씨가 나타나면 문답식으로 말을 주고받는 느낌을 낼 수 있습니다.

먼저 나온 자막의 [알파(불투명도)]를 조절 후 배경처럼 활용합니다.

영상 자기소개서의 예시를 보고 싶다면
〈신선스쿨〉 유튜브 채널에서
영상으로 확인해 보세요!

▶ https://youtu.be/dfz4sZlHKww

04 나도 브이로그 만들 수 있다

브이로그는 많이 만들어 보는 것이 정답입니다. 다양한 형태의 영상을 매일같이 만들다 보면 보다 다양한 아이디어가 떠오르게 됩니다. 영상을 많이 보는 것도 도움이 되지만 직접 영상을 많이 만들어 보는 것이 가장 좋은데요, 촬영하고 편집하는 사람의 스타일이 각각 다르기 때문입니다. 연습을 통해 자신만의 스타일을 알고, 확장시켜 나가는 것을 권합니다.

브이로그는 요리 / 가족 / 연인·친구/ 취미 / 일상 / 반려견 등을 주제로 하여 제작됩니다.
가장 쉽게 제작되는 것 같지만 가장 많은 선택을 해야 합니다. 평범한 하루가 특별하게 영상으로 제작되기 위해서 브이로그 영상제작을 생각했다면 컨셉을 미리 정하고 촬영에 들어가는 것이 좋습니다.
가령 요리, 취미 등은 메뉴 혹은 취미의 종류에 따라 주제가 다소 명확히 나뉩니다. 한 가지 메뉴를 선택해서 알려주고, 요리하는 모습을 보여줍니다. 또 취미는 무엇인가를 배우는 과정을 촬영하거나 잘하는 것에 대해 매 영상마다 다른 주제로 선보이면 됩니다.
그에 반해 일상, 친구, 가족 등은 매일매일 이루어지는 일을 촬영하기 때문에 특별한 소재가 없을지도 모릅니다. 일기를 쓸 때도 하루 일을 나열하지 않듯, 영상제작을 생각한다면 평범한 일상에서 특별한 주제를 스스로 결정해야 합니다.
잘 써진 에세이는 인문학 서적이 되고 그렇지 못한 에세이는 그저 일기에 불과하듯, 평범한 영상은 공감과 관심을 얻을 수 없을 것입니다. (단순히 일기 형식으로 저장을 위한 목적이라면 이와 같은 사항을 고려하지 않아도 됩니다)

Ⓚ 다르게 촬영하기

평소와 다른 각도로 촬영해보기

기존의 시선과 다른 시선에서 촬영해 봅니다. 시선만 달리해도 영상이 새롭게 느껴집니다.

낮은 시선에서 촬영   높은 시선에서 촬영

촬영된 소품 활용한 자막 넣기

Ⓚ 가족·아이와 함께 만드는 "영상"

아이와 함께 만들면 좋은 영상에 대해서 이야기하려고 합니다.

아이와 함께 하는 영상은 무엇을 담아도 그림이 되고 스토리가 됩니다.

순수한 아이들은 꾸밈이 없기 때문에 그 행동을 그대로 촬영하면 됩니다.

편집과정에서는 아이가 반복적으로 보이는 행동에 비중을 두어 '의미'를 입히는 작업을 합니다.

아이의 행동은 자유로운데 영상을 만드는 사람이 행동에 의미를 부여하는 것입니다.

1. 아이가 노는 것을 촬영하는 관찰카메라 식의 영상

2. 부모가 아이와 함께 놀아주는 영상

3. 아이와 함께 만드는 영상 (동화책 만들어보기)

아이와 함께 만드는 동화책

배경지우개 앱을 활용해서 가족 각각의 캐릭터를 만들어 줍니다.

1. 다양한 배경 사진 다운로드 (직접 촬영)

2. 스토리보드 짜기 (아이들 대사도 짧게 넣기)

3. 내용에 맞는 영상 촬영

4. 앱을 사용해서 사진 재미있게 바꾸기 (예시는 [B612]앱을 사용하여 촬영)

5. 배경지우개 앱을 활용해서 캐릭터 만들기

6. 스토리보드대로 1차 편집하기

7. '녹음' 기능을 활용해서 대사 녹음하기 (대사 길이에 맞추어 편집해야 하므로 먼저 녹음)

8. 녹음과 영상의 길이를 맞추는 마무리 편집

일상 브이로그의 예시를 보고 싶다면
〈신선스쿨〉 유튜브 채널에서
영상으로 확인해 보세요!

▶ https://youtu.be/LofGP2-glJk

05 우리 가게 홍보영상 만들기

유튜브 영상을 보면 예쁘게 한번 만든 영상보다 꾸준히 올린 영상이 조회수가 많은 것을 확인할 수 있습니다. 반대로 생각하면, 어렵게 만들어서 한번 올리는 영상보다 가게에서 일어나는 일상의 일을 꾸준히 올리는 것을 시청자가 좋아한다는 뜻입니다.

가게 홍보를 위해 영상을 만드는 방법은 여러 가지가 있습니다.

🎬 가게 메인 홍보영상 만들기

홍보영상은 세세한 메뉴 등을 알리는 것보다 전반적인 가게 분위기, 특징을 알리는 것이 포인트입니다.
가게 홍보 영상제작을 위해 필요한 사항은 다음과 같습니다.

클로즈업 + 익스트림 클로즈업샷 활용

샷의 크기를 달리하여 촬영합니다.

가게 전경 및 외관 & 요리(커피) 만드는 과정 담기

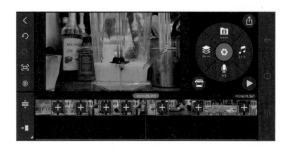

만드는 과정은 순서별로 짧게 사용합니다.

[팬&줌] 기능을 적극 활용

1대 카메라를 사용하여 촬영한 경우 팬&줌 기능을 적극 활용합니다.

화질 유지를 위해 촬영할 때 자체 줌기능 사용은 자제합니다.

[팬&줌] 기능 사용으로 영상 화질이 떨어질 경우, 배경이 지저분한 경우 [필터] 효과를 사용하면 좋습니다.

[팬&줌] 기능 + [필터] 기본 〈B22〉 활용

원래 촬영 컷   [팬&줌]

원래 촬영 컷   [팬&줌]

카페 소품을 적극적으로 활용 (아웃 포커스로 촬영)

🄚 우리 가게의 하루를 영상으로 만든다(일주일에 2~3회 업로드)

가게 입장에서는 '매일 같은 일상이 반복되기 때문에 특별한 일상이 없다'고 이야기합니다. 하지만 시청자는 오히려 반복적으로 일어나는 타인의 일상을 보고 싶어 합니다. 더불어 익숙한 반복이 주는 편안함을 즐기는 것이죠.

ⓚ 가게를 찾는 손님을 주인공으로 특별 영상을 만들어 준다
(프로모션 팁!!!!!)

가게에 놀러 온 가족이 있습니다. 그런데 그 가족 중 한 사람은 나머지 가족을 촬영합니다. 때문에 우리의 영상에서는 늘 촬영자가 빠져 있죠. 가게 단골손님을 위한 "영상제작 프로모션"을 해보는 것은 어떨까요? 손님이 가게에 머무르는 동안 손님의 모습을 1시간가량 촬영해서 편집해 주는 것인데요, 우리 가게를 10번 이상 찾은 손님에게 영상을 제작해주는 등으로 손님들에게 영상을 서비스해 주는 것입니다.

영상 촬영에 신이 난 손님은 영상을 촬영하는 동안 자연스레 가게에 대해 칭찬하게 되고, 유튜브 아이템으로 매주 1개씩 가게 이용자의 리뷰가 담기게 되는 것입니다. 시청자는 이와 같은 프로모션에 당첨되기 위해 10번 이상을 방문하지 않을까요?
또 영상으로 가게를 본 사람들은 신기하다는 생각 혹은 자신도 무료 촬영을 하고 싶다는 생각에 가게를 방문하게 될지도 모릅니다. 바쁜데 언제 촬영을 하냐고 걱정할 수 있지만, 가게의 특성에 맞게 촬영합니다.

식당·카페(브런치, 애견카페, 디저트) 등
한 장소에서 이야기를 하기 때문에 카메라 시선을 고정시켜 놓으면 됩니다.
이동할 경우 full 샷(전체 촬영)으로 촬영합니다.

카메라가 1대일 경우

카메라가 1대 이상일 경우 full샷 추가

카페나 가게 홍보영상의 예시를 보고 싶다면
〈신선스쿨〉 유튜브 채널에서
영상으로 확인해 보세요!

▶ https://youtu.be/ZCst7TxfRUk

K 에필로그

영상제작을 배우려는 분들에게
작은 도움이 되길

오랜 시간 방송과 영상 관련된 일을 하고, 영상제작, 유튜브제작 강의를 해왔습니다. 가만히 예전 방송국 풍경을 떠올려보면, 그때는 촬영하고 편집하고 방송하는 일이 참 복잡하고 어려웠습니다. 그런데 이제는 스마트폰 하나면 촬영, 편집, 방송이 다 된다는 사실을 새삼 깨닫습니다. IT 기술이 발전하는 변화가 너무 빨라서 무섭다는 생각도 듭니다. 요즘 아이들은 종이에 연필로 글씨를 썼다 지웠다 하듯이, 쉽게 영상을 찍고, 편집하고, 유튜브 방송을 합니다. 기술은 더 눈부시게 빨리 발전할 것이고 영상제작은 더 쉬워질 것입니다. 스마트폰처럼 영상제작도 너무나 쉽게 다룰 수 있는 친숙한 대상이 되고 있습니다.

이런 커다란 세상의 변화 속에서 이제 막 영상제작을 배우려는 분들을 돕기 위해 책을 써야겠다는 생각을 했고, 그 기회를 얻게 되어 정말 기뻤습니다. 다양한 기능을 쉽게 알려드리기 위해 썼다 지웠다를 반복하며 꼼꼼하게 다듬어 완성하였습니다. 이 책을 통해 더 많은 분들이 동영상을 두려워하지 않고, 재미있게 즐기면서 만드시길 바랍니다.

책을 쓰도록 격려해주신 애드앤미디어 엄혜경 대표님과 도움을 주신 많은 분들에게 진심으로 감사드립니다. 항상 따뜻하게 곁을 지켜주는 가족들에게도 고마움을 전합니다.

최인근, 정신선

답답해 죽느니 내가 직접 만드는
유튜브 동영상 with 키네마스터

제1판 1쇄   2021년 2월 22일
제1판 3쇄   2023년 2월 24일

지음   정신선 최인근
발행인   엄혜경
발행처   애드앤미디어
등록   2019년 1월 21일 제 2019-000008호
주소   서울특별시 영등포구 도영로 80, 101동 2층 205-50호
               (도림동, 대우미래사랑)
전화   02-833-1356
홈페이지   www.addand.kr
이메일   addandm@naver.com
교정교안   윤치영 copyyoon@naver.com
디자인   얼앤똘비악 www.earlntolbiac.com

ISBN   979-11-971935-6-9 (13000)

☆ 애드앤미디어는 당신의 지식에 하나를 더해 드립니다.